Hermann Scharff von Scharffenstein

Das entlarvte Judentum der Neuzeit

Die Juden in Frankfurt a. M.

Hermann Scharff von Scharffenstein

Das entlarvte Judentum der Neuzeit
Die Juden in Frankfurt a. M.

ISBN/EAN: 9783743605503

Hergestellt in Europa, USA, Kanada, Australien, Japan

Cover: Foto ©Lupo / pixelio.de

Weitere Bücher finden Sie auf **www.hansebooks.com**

Das

entlarvte Judenthum

der

Neuzeit.

Von

Hermann von Scharff-Scharffenstein.

Motto: Israel infandum
Scelus audet, morte piandum.
Hermann von Lehnin.

I.

Die Juden in Frankfurt am Main.

Zürich.
Verlags-Magazin.
1871.

In Deutschland gibt es neben dem ursprünglichen Volksstamme, den Deutschen, einen eingedrungenen, die Juden, welcher in neuester Zeit mit größter Keckheit gleiche Rechte mit dem Urvolke verlangt hat. Ob die deutsche Nation sich dies gefallen lassen könne, hängt von der Beantwortung der Frage ab, ob ein gesunder Organismus fremde, unverdauliche Elemente in sich aufzunehmen wagen darf, ohne das Aeußerste zu gefährden. Wir wollen uns hier nur einfach damit begnügen, die Schliche und Ränke, die Listen und Kniffe der Juden zu beleuchten und unser Vaterland vor Unheil warnen. Wir wollen daran erinnern, daß nicht Christ und Jude in Betracht zu ziehen sind, sondern daß vor Allem der Unterschied zwischen D e u t s c h e n und H e b r ä e r in Obacht genommen werden muß, und daß die „Stammesverschiedenheit" dieses Volkes mit dem unsrigen die Emancipation (Gleichstellung) illusorisch und unmöglich macht, da es ja nicht in unserer Gewalt liegt, die Schranken, welche dieselben von allen übrigen Völkern scheiden und schon von den Tagen des Christenthums Ausnahmsgesetze von Seiten anderer Völker gegen sie hervorgerufen haben, niederzureißen.

Die Hauptzüge des Nationalcharakters der Deutschen sind: Gemüthstiefe, Biederkeit und Treue; die alte

Geschichte bezeichnet aber den Charakter der Juden als
„böswillig, hartnäckig, treulos und undankbar."*) Es ist
also nicht die lange Knechtschaft, die sie hinterlistig und
treulos gemacht hat. Nein, sie waren es vor Jahrtausenden,
damals als sie noch einen selbständigen Staat bildeten.

Schon der Prophet Jesaias sagt Cap. 59. V. 2—8
von ihnen: „Eure Untugenden scheiden euch und euren
Gott von einander, und eure Sünden verbergen das An=
gesicht vor euch, daß ihr nicht gehöret werdet. Denn
eure Hände sind mit Blut befleckt, und eure Finger mit
Untugend, eure Lippen reden Falsches und eure Zunge
richtet Unrechtes. Es ist Niemand, der von Gerechtigkeit
predige, oder treulich richte. Man vertraut auf's Eitele
und redet nichts Tüchtiges; mit Unglück sind sie schwanger
und gebären Mühe. Sie brüten Basilisteneier und wir=
ken Spinnweb. Isset man von ihren Eiern, so muß man
sterben; zertritt man's aber, so wird eine Otter daraus.
Ihr Spinnweb taugt nicht zu Kleidern und ihr Gewirke
nicht zur Decke: denn ihr Werk ist Mühe, und in ihren
Händen ist Frevel. Ihre Füße laufen zum Bösen und
sind schnell, unschuldig Blut zu vergießen; ihre Gedanken
sind Mühe, ihr Weg ist eitel Verderben und Schaden.
Sie kennen den Weg des Friedens nicht und ist kein
Recht in ihren Gängen; sie sind verkehrt auf ihren
Straßen, wer darauf gehet, der hat nimmer Frieden."

Betrug um Betrug, Verbrechen gegen Ehre und Leben
der nächsten Verwandten gehen durch die ganze jüdische
Geschichte hindurch.

*) Stenographische Berichte der bayr. Kammerverhandlungen.
Jahrg. 1849, Nr. 38—42.

Lot's Töchter betrogen ihren eigenen Vater, daß er Blutschande mit ihnen trieb. Rebekka betrog ihren Sohn Esau um den heiligen Vatersegen. Jakob ward von seinem Schwiegervater Laban aus schmutziger Gewinn= sucht um die Rahel betrogen. Jakobs Söhne verkauften ihren Bruder Joseph*). Onan betrog seinen Vater und die Thamar aus schnöder Selbstsucht. Amnon betrog seinen Bruder Absalon und schändete seine Schwester. Absalon betrog seinen Vater David und schändete dessen Weiber und so geht es fort bis auf den scheußlichsten aller Betrüger und Verräther, bis auf Judas, dessen 30 Silberlinge das erste wahrhaft „schlechte Geschäft" sind, das diese Nation gemacht hat, weil sie sich dafür für alle Zeiten mit Recht die Verachtung und den Haß der Welt eingekauft hat.

Wir könnten noch viele andere Beispiele von gemeiner Schlauheit uud Feigheit aus der älteren Geschichte der Juden anführen, doch wir begnügen uns, indem wir noch bemerken, daß die neuere Geschichte sie als „habsüchtig, anmaßend, feig und grausam" bezeichnet.

Auch sind sie vor allen Völkern so stolz und dünkel= haft, daß sie, nachdem der bessere Kern des Volkes in den Schooß des Christenthums aufgenommen, die Spreu aber in Folge der Zerstörung Jerusalems nach allen Winden zerstreut wurde, sich noch immer die Herrschaft über die Welt bestimmt glauben und daß sie, wie dies

---

*) Abraham wollte seinen Sohn Isaak opfern, verließ die Hagar und seinen Sohn Ismael. Die „Kinder Israels" stahlen in Egypten die goldenen und silbernen Gefäße, metzelten die Kanaaniter meuchlings nieder u. s. w.   A. d. V.

aus ihrem Talmud, den sie für ein göttliches bindendes Gesetz *) erkennen, hervorgeht, sich, obwohl sie ihrer Bestimmung untreu geworden, allein für das auserwählte Volk des Herrn halten. Beseelt von diesem hoffärtigen Wahne, bilden sie, durch Unglück nicht gewitzigt, in jedem Staate einen eigenen Staat, statt sich gleich anderen Völkern, sei es in Palästina, Amerika, oder wo immer, wie ein Volk zusammen zu halten.

Getrieben von dem Glauben, an die Spitze aller Völker dereinst berufen zu werden, suchen sie, obgleich nur als Gäste aufgenommen, Jeden, mit dem sie in Berührung kommen, sich stets so viel als möglich zum Sclaven zu machen und so, für ihre übermüthigen Plane arbeitend, zertreten sie schonungslos auf ihrem Wege Alles, was sich ihnen entgegenstellt.

Das aber bildet eben den Grundcharakter dieser Nation, daß ihre Angehörigen allem eigenen und fremden Staats= leben sich feindlich entgegenstellen und wie Parasiten an alle Völker sich anklammern, ohne diesen anders zu lohnen, als indem sie dieselben zu Grunde richten.

Von andern Reichen abzusehen, ist ihnen das stolze, mächtige Polen zuerst erlegen.

Seit jener unglücklichen Periode, wo König Kasimir (im Jahre 1264), der (sogenannte) Große, die schöne Esther zur Geliebten erkor und auf ihre Bitte hin eine große Anzahl Juden in Polen aufnahm und ihnen Freiheiten verlieh, begann die Macht dieses Reiches zu schwinden.

---

*) Dr. Riesser's Zeitschrift: Der Jude. Altona 1832. S. 72.

König Kasimir vermeinte, durch sie den Bürgerstand zu ersetzen, weil es in Polen nur Adel und Bauern gab. Sie haben aber ihre Stellung so benützt, daß gar kein Bürgerstand auftam. Sie trieben kein Gewerbe, sondern handelten mit fremden Waaren, säckelten den Adel auf der einen, das Volk auf der andern Seite aus. Sie warfen sich zu Pächtern der Zölle und Steuereinkünfte auf und höchstens einträgliche Gewerke, wie die der Goldschmiede und der Fleischer, wurden und werden von ihnen betrieben. Daneben unterhielten sie überall Branntweinbuden, wodurch sie nur verderblich auf das Volk wirkten. So brachten sie durch überlegene Schlauheit die guten Polen bald in eine Abhängigkeit, daß nicht nur das Vermögen des Volkes größtentheils in ihre Hand kam, sondern daß selbst christliche Kirchen ihnen verpfändet waren, und wenn man ein Kind zur Taufe bringen wollte, so mußte man erst beim Juden den Kirchenschlüssel mit schweren Thalern auslösen. Sie hatten eine durchgebildete Organisation nach Provinzen und schickten auch Deputirte aus ihrer Mitte auf den Reichstag.

Sie hatten und haben dort das Recht, Grundbesitz nach Möglichkeit zu erwerben, aber sie bauen ihn nur durch die Hände der Christen an, wie dies bei uns und im Elsaß und überall der Fall ist, wo es den Juden nie einfällt, selbst Hand anzulegen. Ja es ist ganz charakteristisch, daß ein Theil der in Polen immer zahlreicher anwachsenden hebräischen Bevölkerung sich schon im Jahre 1656 an den Kurfürsten von Brandenburg um Aufnahme in seine Lande wandte, weil sie in Polen in ihren

Verhältnissen so herabgekommen wären, daß sie selbst den Acker bauen müßten.

Indessen sind sie alldort seitdem fort und fort immer mehr die Herren geworden. Der Edelmann und der Bauer ist ihr Sclave und „Pan Jud" (Herr Jude) klingt es aus Beider Munde. Und sie haben sich gemehret wie die Heuschrecken und der Sand am Meere.

Aber auch in Deutschland wollen sie die Herren werden und waren schon nahe daran im Jahre 1848.

„Juden und Judengenossen haben die Revolution gemacht", sagte der ehrwürdige alte Arndt auf der Rednerbühne der Nationalversammlung. Und so ist es; denn sie haben dieselbe heraufbeschworen, um auf diesem Wege schon jetzt zur Herrschaft zu gelangen, oder doch wenigstens so viel als möglich von „ihren Leuten" an die Spitze der Regierung zu bringen, damit diese dem übrigen Volke Israel den Weg offen halten könnten.

Der 18. September in Frankfurt ist Judenwerk. Als intellektuellen Urheber des Meuchelmords an dem Fürsten Lichnowsky und dem Grafen von Auerswald betrachtet man einen Juden, Namens Burgweiler*), der am Morgen des verhängnißvollen Tages auf offener Straße blutdürstige Ansprachen an den Pöbel hielt. —

Wie die Juden es überdies damals und später in Frankfurt am Main, — wo schon zu Anfang Oktober 1851 der Viehmarkt durch einen polizeilichen Erlaß wegen

---

*) Der Jude Deutz verrieth seiner Zeit J. K. H. die Frau Herzogin von Berry und der Jude Rosenau in Wien bereitete die Ermordung des Kriegsministers von Latour vor.

einfallenden jüdischen Feiertags vom Montag auf den christlichen Sonntag verlegt wurde — getrieben und wie sie endlich die Ursache geworden, daß Preußen die sogenannte freie Stadt einsäckelte, wollen wir in ·diesem Büchlein darlegen.

Schon vor achtzehn Jahren schrieb ich als Verfasser einer kleinen 1852 bei Anton Herzog in Augsburg erschienenen Schrift: „Blicke in das gefährliche Treiben der Juden= sippschaft" das Nachstehende:

„Dort in Frankfurt am Main, der alten Kaiserstadt des deutschen Reichs, wo der getaufte Jude Reinganum und sein reicher Anhang die christliche Bürgerschaft förm= lich terrorisiren, gibt es eine Gasse, „Judengasse" ge= heißen. Sie war zu jener Zeit, wo das übermüthige Volk der Hebräer wohl schon von der Weltherrschaft träumte, aber noch nicht fortwährend daran dachte, sie zu erschleichen, nur von Juden bewohnt. Jetzt wohnen dort viele arme Christen, Söhne und Nachkommen jener alten Bürgerfamilien, welche Judenkniffe und Schliche zu Grunde gerichtet haben. Die ·freie Stadt Frankfurt selbst, welche im Jahre 1848 nahe daran war, von den Juden und Judengenossen unterdrückt und ein „neues Jerusalem" zu werden, leidet, wie ganz Deutschland, ja wie ganz Europa furchtbar unter dem Miasma. Ganze Straßen sind von ihnen förmlich in Besitz genommen worden. Die ehemaligen ehrbaren Bürgerhäuser in der Schnur= und Döngesgasse, ja ganze Stadtviertel haben fast nur jüdische Bewohner. Viele Kinder und Nach= kommen der früheren Besitzer sind im Waisenhause oder leben von der Gnade milder Stiftungen." —

Der größere Grundbesitz, was man so eigentlich „Grund und Boden um Frankfurt herum,“ nennt, ist größtentheils in Judenhänden. Die Rothschild haben das fast Alles an sich zu bringen gewußt. Die Familie Rothschild ist es, welche, wie es in der früher schon angeführten „Judensippschaft“ heißt:

„durch ihr Geld alle Königreiche von sich abhängig macht, über Krieg und Frieden, Bau von Eisenbahnen und was immer geschehen mag, mit entscheidet, und unter dem Namen von Zinsen und Provisionen das Mark ganzer Länder aussaugt.“

Vehse bringt im fünften Theile seiner Geschichte der deutschen Höfe nachfolgende Notiz über das zuweilen eigenthümliche Vorgehen dieses Bankgeschäftes. „Das Haus Rothschild bewahrte für das Haus Hessen, die Quelle seines Glücks, eine stete, treue Anhänglichkeit; auch seine Diener wurden auf die feinste Weise bedacht: es war wichtig, sich an den Geldkoffern des reichen Kur= fürsten einen soliden Rückhalt zu erhalten. Im Jahre 1829 erhielt der alte Minister Carl Wilhelm von Mayer ganz unerwartet einen angenehmen Brief mit der Nach= richt, daß das Haus Rothschild gewisse Fonds für seine Rechnung angekauft habe; weil inzwischen der Cours ge= stiegen, habe man sie wieder verkauft und übersende hiemit die Gewinnsumme; eines gegebenen Auftrages wußte sich der Minister nicht zu entsinnen, nahm aber das so fein angebotene ansehnliche Geschenk an.“*)

---

*) Wenn es gilt, öffentliche Volksfeste zu unterstützen, so scheint der jetzige Chef des Hauses Rothschild auch nicht so sehr mit Thaten

Und weiter im neunten Bande führt Dr. Vehse aus:

„daß Rothschild behaupte, der sogenannte Flotten=
Fischer sei ein Narr gewesen, weil er ein von ihm an=
gebotenes Geschenk von 10,000 Gulden nicht angenommen
habe."

Es ist wahr, leider wahr, was der Jude Saphir
sagte: „Einst hatten alle Juden einen König; jetzt haben
alle Könige einen Juden."

Man sollte glauben, bei diesem enormen Vermögen
werden die Juden auch verhältnißmäßig zu den Staats=
lasten beitragen; aber weit entfernt! Wer kann ihnen,
die selbst nicht arbeiten, die Controle ihres Vermögens in
Baarem und in Wechseln oder Banknoten herstellen?*)

---

bei der Hand zu sein, wie früher die „Geschäftsleute" seines Herrn
Cheims mit Worten. Man ersieht nämlich aus einer Mittheilung
des Frankfurter Journals vom 14. Dezbr. 1862, daß der Baron
Carl Mayer von Rothschild dem Comité des deutschen Schützen=
festes abgeschlagen hat, seine Rechnung von 3200 Gulden für Be=
nutzung des Festplatzes, der größtentheils „Rothschildscher Grund
und Boden" war, zu erlassen.   A. d. V.

*) Das Frankfurter Journal theilt unterm 9. October 1863
Folgendes mit: „Die Rothschild's hielten dieser Tage einen Familien=
congreß in Paris, da Herr Adolph Rothschild, bisher Chef des
Hauses in Neapel, sich aus den Geschäften zurückzieht. Der Geschäfts=
antheil dieses einen Rothschild betrug (nach Angaben von Wiener
Blättern) die Kleinigkeit von 150 Millionen Francs."

Wie generös man mit so immensem Reichthume ist, dürfte
jedenfalls die nachfolgende Notiz beweisen, welche der Rheinische
Beobachter, ein in Monheim a. R. erscheinendes Localblatt, unterm
5. April 1863 aus Frankfurt a. M. sich mittheilen ließ:

„Frankfurt, 5. April. Eine der sieben Töchter des Barons
Mayer von Rothschild ist Liebhaberin einer derjenigen noblen

Wie weit der Eigennutz der Juden im Privatleben geht, davon hat die Frankfurter Oberpostamtszeitung im Jahre 1851 ein ergötzliches Beispiel zu erzählen gewußt:

„Der Besitzer der Mainlust daselbst, Herr Ried, der öfter Harmoniemusik für Herren und Damen hält, wobei nur die ersteren Entrée zu bezahlen haben, machte nämlich die Erfahrung, daß immer ein Jude für zwölf Kreuzer ein Dutzend Jüdinnen mitschleppte und so ihre Sippschaft den halben Saal und Garten besetzte, ohne mehr als einige Butterkuchen zu verzehren. Welch ein Spektakel, als eines schönen Abends alle Herren und zugleich alle Jüdinnen zur Erlegung des Entrées verurtheilt wurden. Bei der Constatirung der orientalischen Abkunft ist es zu den lächerlichsten Auftritten gekommen, so daß selbst die dortige Zeitung die artige Geschichte zu erzählen nicht umhin konnte."

Wir wollen jedoch jetzt wiederum ernstere Dinge in Frankfurt a. M. in Betracht ziehen und kommen natürlich zuerst auf den hohen Senat der freien Stadt, in

---

Passionen (reiten, fahren, rauchen), welche heut zu Tage auch unter dem schönen Geschlecht grassiren. In einem eleganten Phaëton sitzend, lenkt sie mit ihren eigenen zarten Händchen die Zügel der schnaubenden Rosse, während hinter ihr der Bediente zu absoluter Unthätigkeit verdammt ist. Vor einigen Tagen ereignete sich nun in Folge ihres allzuraschen Fahrens — sie fuhr en pleine carrière — ein Unfall, indem sie einen taris'schen Postbriefträger überfuhr, welcher unter ihre Räder gerieth. Wie wir vernehmen, übersandte die Dame dem blutig Verletzten gestern eine Gratification von 10 Gulden: eine Geldsumme, für welche sich der Arme dann vielleicht anstatt des Beinkleides, das ihm die Rothschild'schen Räder zerrissen, ein neues kaufen kann!"

dem bekanntermaßen in letzter Zeit auch Judensprossen
entscheidenden Einfluß gehabt haben. Der sehr witzige
Dr. juris Neuburg, welcher mehrfach älterer regierender
Bürgermeister war und unter dessen „Regierung" viele
Juden von außerhalb als Bürger aufgenommen wurden,
war der Sohn des getauften Juden Dr. med. Simon
Neuburg aus dessen Ehe mit einer Jungfer Goll von der
noch bestehenden reichen und angesehenen, aus der Schweiz
stammenden christlichen Familie dieses Namens.

Auch der kurz vor dem Ende der freien Stadt in den
Adelstand erhobene Senator und Schöff Dr. H...., von
dessen Verwandtschaften und über deren Ursprung die
Augsburger Allgemeine Zeitung seit Jahren stets sehr
viel Rühmendes zu sagen wußte, stammt von Cassel, wo
seine Voreltern Banquiers in der Judengasse gewesen sind.
Er war mit dem bekannten Pfarrer Kirchner, welcher,
wie wir später darthun werden, ebenfalls aus Juden=
stamm, sehr befreundet und ging mit dem Herrn Senator
Neuburg im Senate stets Hand in Hand. Das Testa=
ment seiner Schwiegermutter, der Frau Lind.... soll auch
des alttestamentarischen Witzes voll gewesen sein, obwohl
die gute Dame aus altem Christenstamme. Der getaufte
Jude, Reichsminister Heckscher war sein Busenfreund.
Auch der frühere Rathschreiber Dr. Kellner, welcher in
seiner Stellung, die er trotz mancherlei Offerten nicht
aufgeben mochte, im Senate der freien Stadt immer
einigen Einfluß hatte, und namentlich bei Bürgerauf=
nahmen und dergleichen wohl zu verwenden war, stand
mit mehreren getauften und ungetauften Juden in näherer
Beziehung und ging namentlich mit dem getauften Juden

Dr. Löwenthal, der sich seltsamerweise Löning heißen läßt, oft in tiefstem Gespräche in den Anlagen von Frankfurt spazieren. Uebrigens hat seine Familie mit der alten ausgestorbenen Patrizierfamilie von Kellner nur den Namen ohne den Adel gemein. Es müßte denn sein, daß sie von der Linken ihre Abstammung hätten! Wir könnten bezüglich des Senates der freien Stadt Frankfurt hier noch mancherlei erzählen; aber wir begnügen uns und wollen gerne anerkennen, daß derselbe sich in seiner letzten Zeit nur aus alten christlichen Bürgerfamilien neurekrutirt hatte. Wahrscheinlich waren ihm selbst die Augen doch ein wenig aufgegangen!

Wie es in Frankfurt a. M. aber überhaupt in den sogenannten höheren Kreisen jüdelt, erkennt man, wenn man die Stammbäume oder Geschlechtsregister mancher Familien in Betracht zieht. Die Familie Gontard soll nächst den obenerwähnten Goll die erste der eingewanderten Familien gewesen sein, welche sich mit den Juden alliirte. Ein Gontard heirathete nämlich gegen Ende des vorigen Jahrhunderts eine getaufte Jüdin aus Leipzig, mit Namen D., welche ihm ein sehr bedeutendes Vermögen mitbrachte. Aus dieser Ehe gingen sowohl die sehr bekannte Frau Lu....... als auch die spätere Frau Alexander G., welche wiederum ihren Vetter heirathete, ꝛc. hervor. Frau Lu....... wußte sich — ihre Abstammung nicht verläugnend — so einflußreich zu machen, daß sie ein mehrbändiges Werk des bekannten Frankfurters Friedrich: „Noch fünfzehn Jahre aus dem Leben eines Todten", welches uns artige Dinge von ihr erzählte, gänzlich unterdrücken zu lassen im Stande war-

Ihre Tochter, Frau M......., verläugnete ihre orienta=
lische Herkunft gleichfalls durchaus nicht. Frau Alexander
G., die Schwester der Lu......., trug in ihrem Ge=
sicht den Judentypus im höchsten Grade. Die im Jahre
1690 eingewanderte und noch jüngst in der Person des
Herrn Senators Bernus von Oesterreich in den Freiherren=
stand erhobene Familie Bernus hat sich vor einigen Jahren
durch Hergabe einer Tochter an den Sohn des getauften
Juden Erlanger dem Judenthum alliirt. Dieses junge
Ehepaar hat sich jedoch einige Jahre nach der Hochzeit
wieder freiwillig von einander getrennt. Man erzählt
eine ganz charakteristische Anekdote über ein „Au waih!"
dieses Herrn von Erlanger, als er von der Kirche in die
Hochzeitskutsche stieg. Auch die ursprünglich italienische
Käsehändlerfamilie von Quaita, aus welcher einzelne Mit=
glieder sich nicht geringe Verdienste um den kleinen Frei=
staat erworben hatten, ist durch die Schwester des früheren
Theater=Vorstandes Dr. jur. von Quaita dem Juden=
thum verwandt worden. Dieselbe hatte den gewesenen
Reichsminister Dr. Detmold zum Ehemann genommen,
welcher ein getaufter Jude war.*)

Es ist jedoch leicht zu denken, welchen großen Ein=

---

*) Cäcilie Jeanrenaud, aus alter französischer Predigerfamilie,
heirathete 1837 den aus Judenstamm geborenen Componisten
Mendelsohn. Wie gut gesinnt dieser berühmte Musiker war, ersieht
man aus einer von ihm verfaßten, nach seinem Tode erst ver=
öffentlichten „Reise nach Rom", welche von Invektiven gegen die
katholische Kirche strotzt. Sein hoffnungsvoller Erstgeborener soll
Buchhändler geworden sein und schon manches im Interesse des
Judenthums geschriebene Buch verlegt haben.

fluß diese Judensprossen, die mit Juden alliirten Familien und ihr Anhang noch kurz vor 1866 im Senate hatten. Das geheime Judenthum, welches weiland in Spanien*) in höchster Blüte stand, gipfelte sich in Frankfurt immer höher empor.

*) Ueber das geheime Judenthum in Spanien, dessen Vorhandensein und Vorhandengewesensein die deutschen Juden bis vor ganz kurzer Zeit stets abläugneten, brachte ein Herr Ullmann in Frankfurt am Main in einer Sitzung des dortigen Vereins für Geschichte und Alterthum im Februar 1868 folgende pikante Mittheilung, als er über die Entstehung des Frankfurter jüdischen Familiennamens „Spanier" sich ausließ. Er referirte wörtlich wie folgt: „Nach einer auf einer mündlichen Tradition beruhenden Erzählung ergriff im Jahre 1519, da König Karl I. die deutsche Kaiserkrone als Karl V. erhielt, die Juden im Reiche bange Besorgniß, da sie befürchteten, daß in ähnlicher Weise gegen sie, wie in Spanien gegen ihre Glaubensgenossen, vorgegangen werde, das zu damaliger Zeit den Juden bei Todesstrafe zu betreten verboten war. Trotzdem gab es in Spanien viele Juden, welche äußerlich sich zwar von ihrer angestammten Religion schieden, im innersten Herzen aber um des Zwangs willen ihr um so inniger zugethan blieben und auf die Zeit hofften, da sie sich dieses Zwangs entledigen konnten. Diese Besorgniß nun, daß man auch gegen die Juden im Reiche so vorgehen möchte, wie in Spanien, bewog die Judengemeinde in Frankfurt, nicht müßig zuzuwarten, sondern eine Botschaft nach Spanien zu schicken. Zwei Brüder fanden sich bereit die Reise zu unternehmen, sie kleideten sich nach Landessitte und begaben sich, begleitet von den Segenswünschen der Gemeinde, von dannen. Sie kamen glücklich nach der spanischen Hauptstadt; aber jetzt erst dachten sie an die Lösung der Frage, welche sie wohl auf ihrem Wege bekümmert hatte: Wie zu dem Kaiser zu gelangen? Ihr gutes Geschick ließ sie auf dem Markt zu Madrid in einem Käufer an verschiedenen Gewohnheiten einen heimlichen Juden erkennen, dem sie folgten, sich entdeckten und

Was nun aber den „gesetzgebenden Körper" der freien Stadt Frankfurt betrifft, welcher unter Anführung des getauften Juden Dr. Reinganum in vorletzter Zeit (1848 bis 1853) dem Senate sogar Gesetze gab, so ist es bekannt, daß die getauften Juden Friedleben, Braunfels u. s. w. und die gegenwärtig noch im Judenthum stehenden: Neukirch, Rütten, Hohenemser, Stern, Hamburger, Fuld ic. dort den Ton angaben und Manches vorbrachten, was den Gang einer wohlgeordneten Regierung erschweren mußte. Wirklich komisch war es, diese jüdischen Herren und namentlich die Doktoren Friedleben*) und Braunfels ihre Reden — die ihnen selbst immer am besten zu gefallen schienen, vortragen zu hören. Das Stottern des Einen, Dr. juris Friedleben, und das Jübeln

---

von dem, der kaiserlicher Narr war, sie heimlich zu dem Kaiser gebracht wurden, der ihren Bitten geneigtes Ohr zeigte und einen Schutzbrief für alle Juden im Reich unterzeichnete. Damit langten sie denn nach mancherlei Beschwerden in Frankfurt an, wo sie am Thor der Judengasse alsbald erkannt und mit den Worten: „Die Spanier sind angekommen! Die Spanier sind da!" von Alt und Jung begrüßt wurden. Den Namen „Spanier" behielten sie denn auch für alle Zeit, während sie bis dahin Cohen geheißen hatten."

*) Welche Verbindungen diese Friedleben in der alten Reichsstadt besaßen, gewahrte man klar, als sie der dritten Frau ihres Vaters, die, gleich wie Hagar dem Abraham, seine Magd gewesen, unverzüglich nach dessen Tode eine sogenannte „Klosterstelle" (Pension von 500 fl. jährlich aus ehemaligen katholischen Klosterfonds) zuwenden mußten. Eigenthümlich ist auch, daß ihr Vater diese Söhne im protestantischen Waisenhaus erziehen ließ, während er zu Hause eine zweite Frau hatte und außer seinem Lehrergehalte auch Vermögen besaß. A. d. V.

2

des Andern, des Dr. jur. Braunfels, erschien höchst amü=
sant. Das Preßgesetz vom 16. Septbr. 1856 war diesen
Juden namentlich ein Dorn im Auge und veranlaßte
noch am 18. Januar 1863 langwierige Debatten, an
welchen sich sehr komischer Weise hauptsächlich nur Juden
und Judensprossen betheiligten, so daß der alte Saal im
hochadeligen Hause Limpurg — wo dieser Körper seine
Sitzungen hielt — förmlich zu einer Judenschule geworden
zu sein schien.*)

Der vorher oft genannte Dr. jur. Friedleben, Mit=
glied des „Körpers", ist der Bruder eines Doctor medi=
cinæ Friedleben, welcher bereits seit Jahren der Vorstand

----

*) Als der Senat der freien Stadt Frankfurt a. M. zu An
fang Oktober 1865 die bekannten Mahnnoten von Preußen erhielt,
waren es wieder die Juden Reinganum, Braunfels u. s. w., welche
sich an den Laden legten und „Au Waih!" schrieen, obwohl sie
dieselben durch ihr Treiben provozirt hatten. Das „Frankfurter
Journal" berichtet darüber, wie folgt: „Frankfurt a. M., 19. Oft. 1865.
Im gesetzgebenden Körper, der sich sofort nach dem Bekanntwerden
der Drohnoten versammelte, ging es lebhaft zu. Dr. Reinganum
bemerkt, die Noten seien grob; sie seien auch an alle deutschen
Regierungen gesandt worden, um ihnen zu sagen: „Heute mir,
morgen dir," zuerst die Schwachen, dann die Stärkeren. Es sei
eine neue Vergewaltigung beabsichtigt. Dr. Braunfels äußerte, die
Noten beschweren sich gegen die mittelstaatliche Presse, weil man
dort die Frechheit habe, sich gegen die preußische Annexions=
wuth noch seiner Haut zu wehren. Derselbe rief unter der Zu=
stimmung der Vertretung der Bürgerschaft: „Die Ehre unseres
Staates, die eigene Stellung, die Bürgerpflicht erheischen, daß wir
ungerechte Angriffe abwehren. Ich rufe dem Senat das Motto zu,
das er auf die Münzen setzen läßt: „Stark im Recht!" Der gesetz=
gebende Körper beschloß die schon gemeldete Anfrage an den Senat."

des Sachsenhäuser-Bürgervereins ist. Beide Herren sind die Söhne des durch den „Magister Kirchner" protegirten jüdischen Lehrers an der lutherischen Katherinenschule. Dieser Kirchner aber, welcher später als Stadtpfarrer die hohe Stelle eines Oberconsistorialrathes bekleidete, war der Enkel des getauften Juden Paul Kirchner, der schon 1717 ein Buch über die „jüdischen Gebräuche" herausgegeben hat. Der Herr Consistorialrath schrieb eine vermeintliche Geschichte von Frankfurt a. M., die gegen die katholische Kirche ganz auffällige Invectiven enthält und dieselbe lächerlich zu machen suchte. Er war, wie alle Juden und Judensprossen, ein abnormer Esser und Schlemmer, konnte vor Dickleibigkeit kaum noch gehen und starb an der Fettsucht. Einer seiner Söhne, Kaufmann in Sidney und Consul der freien Stadt, machte „zur rechten Zeit daselbst Bankerott," soll aber jetzt wieder in ganz guten Verhältnissen sein. Die Hellsehenden erkannten in diesem „Kirchner", einen würdigen Sohn des Herrn Oberconsistorialrathes, eines geheimen Juden. Sein Bruder, der Herr Stadtgerichtsrath Dr. jur. Kirchner (Standesbuchführer) schrieb 1852 am 5. Oktober einen fulminanten Artikel gegen den katholischen Stadtpfarrer Beda Weber, worin er denselben in Betreff seiner kirchlichen Funktionen zurechtzuweisen versuchte.

Was das ärztliche Wirken des Dr. med. Friedleben betrifft, so ist es uns auffällig gewesen, daß die ägyptische Augenkrankheit in Sachsenhausen, wo er „Leibdoktor" war, auf so erschreckende Weise überhand genommen hatte, daß sich die Regierung der freien Stadt Frankfurt im Jahre 1862 genöthigt sah, eine eigene ärztliche Commission dorthin zu ernennen. Ein wirklich guter Arzt hätte diese Krankheit doch wohl im Keime mehr ersticken oder doch wenigstens begrenzen können? Das politische Wirken des Dr. med. Friedleben im „Sachsenhäuser-Bürgervereine" war seit Jahren ein sehr destruktives gewesen und hatte namentlich dahin geführt, einen großen Theil der Bevölkerung in einer beständigen Art von Aufregung zu erhalten. Dazu trat noch, daß er in seinen Reden stets nur von „Jesus von Nazareth" sprach, demselben großmüthig ließ, „daß er ein begabter Mensch gewesen", und schließlich meinte, „daß unsere Zeit auch ähnliche große Männer hervorgebracht habe." Wer mit diesen großen Männern gemeint ist, wird leicht zu errathen sein. Es sind eben die Juden, welche überall Unkraut säen und gern den Glauben an die Gottheit Christi aus dem Herzen des deutschen Volkes verdrängen möchten.

Weiter wäre über diese Friedleben noch zu berichten, daß beide im Frankfurter protestantischen Waisenhause erzogen worden sind, aber ihren Dank für diese christliche Erziehung dadurch bethätigen, daß sie den Staat und die christliche Religion in jeder Weise zu untergraben versuchten. Sie hängen mit dem offenen und geheimen Judenthum und mit dessen niederträchtigem Treiben auf das Innigste zusammen. — Wahrhaft mahnend war indessen ein Begebniß, welches zeigt, wie selbst der größere Theil von Sachsenhausen allmälig zur Besinnung kam. Die „Spartaner", eine dortige Karnevalsgesellschaft, vertheilte nämlich bei ihrem Fastnachtszuge 1863 das folgende charakteristische Gedicht:

Nach der Melodie: „Ich bin der Doctor Eisenbart."

Ich bin der Doktor Lebenstreit, 2c.
Zum disputiren stets bereit, 2c.
Vor mir erzittert Jedermann, 2c.
Der mich nicht gleich bezahlen kann. 2c.

Die Pillen, die ich oft verschreib,
Verderben zwar den Unterleib,
Allein was liegt denn mir daran,
Wenn man mich nur bezahlen kann.

Und ist der Magen ruinirt,
So wird er grade so kurirt,
Daß man bald wieder nach mir schreit,
Ich bin sodann auch gleich bereit.

Die Rechnung wächst zwar gräulich an,
Doch, wer mich nicht bezahlen kann,
Der tanzt nach meiner Pfeif' gewiß,
Drum komm' ich auch nicht in Verschiß.

Wer aber sich noch störrig zeigt,
Und sich zu den Spartanern neigt,
Ja, den blamir ich vor der Welt
Und fordre öffentlich mein Geld.

Die Augenkrankheit heile ich,
Nur mit Purgiren sicherlich,
Und wird auch einer blind daran,
So liegt im Grund mir gar nichts dran.

Ich halt' mich doch beim Publikum,
Denn ich bin wahrlich nicht so dumm,
Und wer sich über mich beschwert,
Der wird von mir sogleich bekehrt.

Die Menschen sind wie's liebe Vieh,
Sie glauben an Philanthropie,
Und manche beten mich fast an,
Die Narren sind doch übel dran.

Die Hund und Katzen schlachte ich,
Dies schickt zwar nur für Schinder sich,
Doch ich studir' mit Gründlichkeit
Dabei die Menschenähnlichkeit.

Vor einem Jahr da war's noch gut,
Da hatt' ich viele unter'm Hut;
Doch nach und nach da sah'n sie klar,
Daß Alles nur ein Schwindel war.

Der Schwindel half mir oft gar sehr,
Doch jetzt traut mir bald Keiner mehr;
Und die verdammt' Spartanerschaar,
Die läßt an mir kein gutes Haar.

Die Kerls, sie unterstehen sich,
Und lachen immer über mich,
Und meine Manipulation
Verachten sie mit Spott und Hohn.

Wär nur der Karneval vorbei,
Es ist mir gar nicht einerlei,
Sie machen mich zum Kinderspott;
Ihr Schuldner, helft mir aus der Noth!

———

Um diesen Spott und Hohn vergessen zu machen,
brachte der Sachsenhäuser Bürgerverein seinem Präsiden=
ten Dr. med. Friedleben bald darauf ein solennes Ständ=
chen. Im Herbste hieß es schon wieder im Frankfurter
Journal von ihm unter dem 21. September 1863:

„Gestern Abend beging der Bürgerverein von Sachsen=
hausen sein 15jähriges Stiftungsfest. Zur Erhöhung
der Feier wirkte sowohl der Sachsenhäuser Turnverein
als auch verschiedene Gesangvereine mit. Herr Dr. Fried=
leben, welcher schon seit Gründung des Bürgervereins die

welcher notorischer Weise nachstehende Herren gesprochen
haben: Reinganum, Braunfels, Friedleben, Hohenemser,
Peiser, Stern und Sonnemann*). Sämmtliche hier genannte sind Juden. Im Nationalverein, dem Eldorado
der Gebrüder Friedleben, weil sie sich dort stets hören
lassen und selbst hören konnten, waren natürlich überall
die Juden stets als „Sprecher" thätig und beuteten denselben stets zu ihren Zwecken aus.

Jüdische Doktoren der Rechte und Medizin bildeten
überhaupt mit den Zeitungsjuden, mit dem Rabbiner
Stein und mit einer Anzahl jüdischer Schreier aus dem
Kaufmannsstande den Kern der revolutionären Hetzer in
Frankfurt. Was dergleichen Leute im Stande sind, zu
leisten, ersieht man z. B. aus einer kleinen Schrift „Gewalt und Nothwehr", welche „Ansprache" der ältere
Dr. med. Stiebel unter dem 5. März 1848 vom Stapel
ließ. Mit dieser schönen Ansprache standen die Reden
der Juden und geheimen Juden, sowie die „offene Hand"
der jüdischen Geschäftsleute S.— und R.— ꝛc. im besten
Einklang. Dies zusammen brachte in Frankfurt die char-
manten Durcheinander vor und während des Vorparla-
mentes und später hervor, führte zu dem Meuchelmord
des Fürsten Felix Lichnowsky und ermittelte eine Zeit,
deren Wellenschläge uns fort und fort nicht zur Ruhe
kommen ließen.

Wie es in Folge solcher jahrelang andauernder Um-

---

*) Dieser Sonnemann ist ebenfalls ein Jude aus dem Darm-
städtischen, der sich den Vornamen Leopold selbst beigelegt hat, bei
der Beschneidung jedoch „Löb" genannt worden ist.   A. d. V.

triebe mehrfach mit dem Christenthume aussah, erkennt man, wie die „Neue Preußische Zeitung" bereits im Jahre 1852 vorstellte, aus den „Frankfurter Volksblättern", deren eines zu eben der Zeit unter der Ueberschrift „der Kampf auf kirchlichem Gebiete" das Folgende wörtlich aussprach:

„Wie es ein Fehler von dem antediluvianischen Constitutionalismus gewesen ist, den religiösen Liberalismus zu begünstigen oder wenigstens zu dulden, so war es ein ungeheurer Fehler der neueren Demokratie, die kurze Zeit, die ihr zu Schöpfungen gestattet war, nicht zu Organisationen auf dem kirchlichen Gebiete zu benutzen, sondern sich in dieser Beziehung völlig indifferent zu verhalten. Nichts beurkundet die politische Unreife der Demokratie von 1848 mehr als dieser Umstand; nichts wäre trauriger, als wenn sie diesen Fehler wirklich nicht zu erkennen gelernt hätte. Fast ist man genöthigt, Letzteres anzunehmen; denn sie kümmert sich um den religiösen Kampf im Ganzen sehr wenig, anstatt daß sie ihn mit der größten Energie aufgenommen haben sollte. Es ist natürlich hier nicht die Rede von dem Kampfe des Protestantismus gegen den Katholizismus, sondern allein von dem Kampfe der religiösen Freiheit und Gleichberechtigung gegen die Orthodoxie beider Kirchen: nur dieser Kampf kann das Heil bringen und an ihm soll der wahre Demokrat sich betheiligen. Die nächste Revolution muß eine religiöse werden. Wenn sie das wieder nicht wird, muß sie wieder mißlingen. Seht ihr denn nicht, daß die Reaktion auch hier vorarbeitet? Sie sucht religiöse Formen — das Dogma ist es auch hier nicht — zurückzuführen,

an die man längst nicht mehr gedacht hat, die den
Menschen mit dem freieren Bewußtsein unerträglich werden
müssen. Sie steuern darauf los, als ob sie nicht erwar-
ten könnten, bis — nun, bis das Schifflein seine Bahn
vollendet hat!" Wenn auch die Schlußlogik des Artikel-
schreibers mit den behaupteten Vordersätzen zusammen-
stimmt und überhaupt Styl und Grammatik nicht seine
Sache ist, so schreibt der Mann doch ziemlich klar. Aber
solche Sprache unter den Augen der Staats-, der katholischen und evangelischen Kirchenbehörden und der obersten
Bundesbehörde!!

Noch mehr Einsicht gewinnt man in das Judenge-
triebe, wenn man einen Bericht des „Münchner Volksboten" vom November 1852 liest, wo er in seiner ori-
ginalen Schreibweise also sich ausläßt:

„In Frankfurt hat am 30. Oktober ein hebräischer
Medizindoktor — Schiff schreibt sich das Subjekt — im
sogenannten physikalischen Verein vor mehr als hundert
lauter christlichen Zuhörern einen Vortrag über Klopf-
geister gehalten, wobei er sich erfrecht hat, in der empö-
rendsten Weise über unsern Erlöser zu spotten. Unter
anderm hat dieses Gewürm mit den schmählichsten Ge-
berden sich über Christus, den Herrn, der Worte bedient:
„Der jüdische Demagog, welcher vor achtzehnhundert
Jahren lebte und sich berufen glaubte, zu den vielen
vorhandenen Religionen noch eine hinzuzufügen." In
ähnlicher Weise hat er über die christliche Religion ge-
höhnt.

Dieser jüdische Doktor Schiff wendete sich einige Zeit
später von Frankfurt a. Main nach Bern, wo er sodann

theoretisch und praktisch seine Wissenschaft kund gab. Vor Kurzem aber gelang es ihm — wahrscheinlich mit Bei= hülfe der Juden des Pallastes Pitti — nach Florenz berufen zu werden, und dort am Museo di fisica eine einträgliche Staatsanstellung zu erlangen. Daselbst sitzt denn Herr Moritz Schiff wohl geborgen — so lange es dauert*). —

---

*) Ueber diesen Professor Schiff brachte das Frankfurter Journal in einer Correspondenz: Florenz, den 25. Mai 1870, nachfolgenden fein=lobhudelnden Bericht aus einer Judenfeder: „Professor Schiff aus Frankfurt, bei dessen Anblick allen Katzen und Hunden unserer Hauptstadt das Haar zu Berge steht — so wenig sicher sind diese unschuldigen Thierchen vor seinem weltberühmten Secirmesser — hielt vor kurzer Zeit einen Vortag in dem dazu bestimmten Saale des nahe am Pittipalaste gelegenen Museums. Im Programme, das in allen Zeitungen erschien, war angezeigt, daß der Herr Professor nach Beendigung seines Vortrages in Gegenwart seiner stets zahlreichen Zuhörer ein Experiment machen würde, auf das auch Alles gespannt wartete. Als der Augenblick herangekommen war und aller Augen auf den berühmten Professor gerichtet waren, ging er gelassen an einen Seitentisch, nahm einige Fläschchen von demselben und trat mit diesen vor seine Zuhörer, denen er erklärte, er sei ganz bereit, sein Experiment zu machen, besitze jedoch nicht die nöthigen Mittel dazu, denn, und hier schüttelte er emphatisch die Fläschchen, „was diese Gläser enthalten, ist nichts nutz; das Museum ist so reich ausgestattet, daß nicht einmal die einfachsten Gegenstände in demselben vorhanden sind. So ist's aber stets gewesen und wird immer so bleiben, so lange eine Gesellschaft von Eseln und Un= wissenden als Directoren dieser Anstalt functioniren.“ Hr. Prof. Schiff gerieth in großen Eifer, indem er erzählte, wie die Directoren das vorhandene Geld für Blumentöpfe und dergleichen vergeudeten, während die Wissenschaft darben müsse, indem man ihr die un= entbehrlichsten Hülfsmittel verweigere. Als die Directoren diese

Ebenso übermüthig, ja fast noch dünkelhafter benahm sich der als Schriftsteller vorhin schon genannte Rabbiner L. Stein, dessen Machwerk „die Hasmonäer" wir später einmal eingehend besprechen werden. Derselbe schrieb nämlich 1852 eine Schrift: „Was ist das Wesen des christlichen Staates?" deren Inhalt für jeden Christen empörend ist. Das „Mainzer Journal" brachte denn auch darüber unter dem 28. Juli 1852 folgenden Bericht:

„Frankfurt, 28. Juli. Alle Welt weiß, daß schon vor der glorreichen Märzrevolution die deutsche Presse sich zum großen Theil in den Händen Jungisraels befand und daß es seitdem „unseren Leuten" gelungen, den literarischen Markt Deutschlands fast ausschließlich in Be= sitz zu nehmen und auf diese Weise sich einen unberechen=

übrigens durch und durch gerechten Beschuldigungen vernahmen, geriethen sie in großen Zorn und eine Polemik entstand, die so hitzig und so reich an gewürzten Epitheten wurde, daß sich das Ministerium dazwischen gelegt hätte, wäre nicht eine Versöhnung, die jedoch nur ein Waffenstillstand sein dürfte, eiligst erfolgt. Hier ist Hr. Prof. Schiff eine Celebrität, und die guten Florentiner gehen gerne in das Kaffeehaus am Signoriaplatz, wo der Professor all= abendlich mit seinen Freunden eine Bowle leert und über Wissen= schaft laut disputirt wird. Vorgestern Abend war die Bowle größer als gewöhnlich und schwammen in derselben mehr Orangenscheiben als sonst umher. Die Discussionen waren auch weniger eifrig und die Lebehochs häufiger. Deßhalb frugen wir einen Nachbarn: Was feiern denn die guten Leute mit solchem Enthusiasmus? „Possi- bilmente Sadowa et la confederazione!" war die lakonische Antwort. Wir glauben jedoch, es sei eher der Triumph des Pro- fessors Schiff gewesen; denn er bildete den Mittelpunkt der Ver= sammlung und wurde öfters stürmisch umarmt und ans Herz der Freunde gedrückt."

baren Einfluß zu verschaffen. Wenn die jüdischen Lite=
raten sich nur mit dem beschäftigten, worauf sie zunächst
angewiesen sind, also etwa über den Pentateuch oder den
Talmud Commentare schrieben oder anstatt politischer
Zeitungen Coursblätter redigirten 2c., so würde gewiß
Niemand etwas gegen die neujüdische Schreibseligkeit ein=
zuwenden haben. Nun aber mischen sich die Glaubens=
genossen eines Heine und Börne in Angelegenheiten und
Dinge, die sie gar nichts angehen und von denen sie
gerade so viel verstehen, wie der Blinde von der Farbe
— ein Treiben, das jede christliche Regierung, schon um
der Folgen willen, auf das Schärfste und Empfindlichste
verpönen sollte: wir meinen die Besprechung und Be=
urtheilung christlicher Zustände und Institutionen durch
Juden, wie es z. B. in der von dem Juden Leopold
Stein, Rabbiner der hiesigen israelitischen Gemeinde,
herausgegeben, und in der literarischen Anstalt hierselbst
erschienenen Broschüre, betitelt: „Was ist das Wesen des
christlichen Staates?" der Fall ist. Sie erlassen mir,
auf den Inhalt dieser Broschüre, welche von unsern licht=
freundlichen Neuheiden und Neujuden auf das Wärmste
empfohlen und eifrig verbreitet wird, näher einzugehen;
derselbe ist ganz geeignet, Ekel und Widerwillen bei jedem
christlichen Leser zu erregen, und es wird genügen, auf
die unverkennbare Verwandtschaft dieses jüdischen Mach=
werks mit unserm löblichen „Frankfurter Journal", das
ja den Gebrauch derselben Küche auch nicht verläugnen
kann, aufmerksam zu machen. Wenn hier aber auf den
Inhalt gedachter Broschüre nicht näher eingegangen wird,
so soll doch keineswegs die Frage unterlassen werden, wie

lange noch die herrschende geistige Verkommenheit und
Verkehrtheit den Juden es erlauben wird, das deutsche
Christenvolk darüber aufklären zu wollen, was ein christ=
licher Staat sei und was das Christenthum lehre?! Man
muß bei Betrachtung derartiger Vorkommnisse, wirklich
im Zweifel sein, was größer sei, die Ironie auf unsere
Zeit, oder die Keckheit mancher Söhne des Orients,
nagelneuen Ideen über Christenthum und den germanisch=
christlichen Staat selbst bei den Christen Eingang ver=
schaffen zu wollen, wozu ihnen das Mandat wahrscheinlich
von der „anbrechenden Morgenröthe" verliehen worden.
Möchten doch die christlich=deutschen Stämme sich einmal
wieder ermannen und sich ihre alten Heiligthümer und
Rechte durch schlaue Orientalen nicht länger mehr be=
schneiden lassen; möchten aber auch unsere Regierungen
namentlich jetzt wieder ganz dessen eingedenk sein, daß sie
vor Allem christlich sein müssen!"

In Folge solchen Gebahrens, wie das der Juden
Schiff, Stein und anderer schon Genannter, war denn
auch in Frankfurt am Main in den letzten zehn Jahren
der Abfall vom Christenthum mehrfach vorgekommen.
Diese Abschwörungen des christlichen Glaubens sind zwar
sehr verheimlicht worden. Der „Volksbote" in München
schrieb jedoch über eine derselben, im November 1852,
wie folgt:

„Aus Frankfurt, 24. Oktober, wird berichtet: „Heute
Vormittag wurde im hiesigen israelitischen „Tempel" durch
den Oberrabbiner Stein eine Katholikin aus Mannheim
in das Judenthum eingeführt und unmittelbar darauf
einem reichen Juden von hier angetraut, mit dem sie —

3

schon seit mehr als zehn Jahren in Verbindung gestanden haben soll! Was das für eine „Katholikin“ gewesen sein mag, braucht man nicht erst zu rathen.“

Daß der Stifter des sogenannten Deutschkatholizismus, Johannes Ronge, mit Juden und Judensprossen in naher verwandtschaftlicher Beziehung steht, ist ebenfalls bekannt geworden. Die von ihm gestiftete Sekte ist weiter nichts, als eine Art Reformjudenthum, welches unserm Herrn Jesus Christus einstweilen noch ein kleines Plätzchen in der offenen Ausübung seiner Religionsformen belassen hat. Daß bei der Ronge'schen Sekte über die Hälfte Juden waren, ist erwiesen und schrieb hierauf bezüglich das Frank= furter Conversationsblatt schon unter dem 30. Mai 1849: „In Fürth hat Ronge eine Gemeinde aus Christen und Juden gebildet und zur Vorsteherin des daselbst von ihm gestifteten Frauenvereins eine Jüdin gewählt,“ u. s. w.

Welche traurigen Folgen die Abfälle vom Christen= thum in Frankfurt am Main für den moralischen Zustand der Stadt haben, ersieht man aus einem Berichte, den süddeutsche Blätter gegen Ende des Jahres 1853 mit= theilten:

„In Frankfurt ist's seit fast zwanzig Monaten mit den Heirathen und Kindstaufen beinahe so zugegangen, wie in Berlin mit den Begräbnissen. Seit selbiger Zeit haben's dort nämlich auch die saubern „Civilehen“, wo= bei die kirchliche Trauung vom Ueberfluß sein soll. In Folge davon sollen nun schon sechs Mischehen zwischen Juden und Christen geschlossen worden sein, wobei halt jedes geblieben ist, was es zuvor war und auch nichts darüber festgesetzt worden ist, in welcher Religion die

Kinder erzogen werden sollen. Etwa ein dutzend Paare haben ihre Ehe ohne kirchliche Einsegnung geschlossen, aber eine ungleich größere Zahl von Eltern hat ihre Kinder auch von der heiligen Taufe weggehalten, so daß sie dieselben also gerad aus als Heiden aufziehen."

Der auffallendste bekannte Fall von einem Uebertritt zum Judenthum ist jedoch erst vor ein paar Jahren ge=schehen. Die Tochter des Turnlehrers Ravenstein, des bekannten Jugenderziehers (!), trat in der großen Frankfurter Synagoge öffentlich (d. h. vor Zeugen) zum Judenthum über und heirathete darauf nach jüdischem Ritus den Juden Halle. Sie soll, wie die Juden sagen, eine sehr eifrige Jüdin geworden und jeden Sabbath in der Synagoge zu finden sein!

Ob dies Alles nicht Judaisiren heißt und ob wir nicht wirklich in noch schlimmerer Lage sind, als Spanien vor der Zeit des Cardinal Ximenes, das müssen die Leser nach Einsicht erwägen. Es genügt uns, zu wissen, daß es in Frankfurt am M. Juden, geheime Juden und Judensprossen gibt, welche in engster Verbindung unter einander Alles aufgeboten haben, um diese Stadt immer mehr zu entsittlichen und zu entchristlichen und ihren „Molochthron" dort aufzupflanzen.

Einen auffälligen Beleg, wie weit es mit der Ver=jüdelung in Frankfurt bereits gekommen ist, findet man in der „Art und Weise", wie die Direktion der Senken=berg'schen naturforschenden Gesellschaft, deren zweiter Di=rektor der mit Recht berühmte Dr. med. Rüppell war, sich über eine am 30. Mai 1858 gehaltene Rede dieses

einsichtsvollen Mannes ausgesprochen hat, indem sie Nach=
stehendes zu Protokoll gab:

„Die Versammlung spricht ihr tiefes Bedauern und
Mißfallen darüber aus, daß der zeitige zweite Direktor,
Herr Dr. Rüppell, als Berichterstatter über die Wirksam=
keit der Gesellschaft bei der letzten Jahresfeier seine amt=
liche Stellung zu den unpassendsten Ausbrüchen persön=
licher Gehässigkeit mißbraucht hat.“ —

Herr Dr. Rüppell hatte in seiner Rede das große
Verbrechen begangen, „des Aktienschwindels als Haupt-
liebhaberei der gegenwärtigen Generation, besonders bei
einer gewissen Glaubensgesellschaft“ zu gedenken und über=
dies ausgeführt, „daß bei dem großen Reichthum der hier
wohnenden Israeliten die pekuniäre Unterstützung, welche
sie gegenüber unserm, die allgemeine wissenschaftliche Bil=
dung so uneigennützig fördernden naturhistorischen Museum
bethätigen, so gering ist.“

Diese und andere kleine geistreich vorgebrachte Streif=
lichter auf die Juden veranlaßten das Direktorium der
Senkenbergischen naturforschenden Gesellschaft, den be=
rühmten Reisenden Dr. Rüppell, dem sie den größten
Theil der Schätze ihres Museums verdankt, der un=
passendsten Ausbrüche persönlicher Gehässigkeit zu zeihen.

Aber selbst dies Gebahren, auf welches Herr Dr.
Rüppell in ruhiger, jedoch energischer Weise antwortete,
schien wahrscheinlich den sechzig jüdischen Mitgliedern der
naturforschenden Gesellschaft und ihren geheimen Brüdern
vom Stamme Juda noch nicht ausreichend. Der Rabbiner
Leopold Stein, der Verfasser der „Hasmonäer“, des
„Knabenraub zu Carpentras“, das „Wesen des christ=

lichen Staates" und anderer judaisirender Schriften,
mußte in dem Judenblatte: „der israelitische Volkslehrer"
contra Rüppell einen Artikel voll Hohn und Galle los=
lassen. Derselbe schloß mit einem schlechten Judenwitz:
einer Verdrehung des der Rede Rüppells vorangesetzten
Motto's, und wurde als Broschüre (Besonderer Abdruck
aus dem Judenblatte) weit und breit versendet, um zu
zeigen, wie man den „Judenfresser" und „verfluchten
Goi" untergekriegt hatte.

Wie sehr die Juden zusammenhalten, wenn es gilt,
einen ihre Schliche und Ränke durchschauenden Christen
oder christliche Genossenschaften unterzukriegen, erkennt man
aus folgendem Berichte, welchen die süddeutschen Blätter
unter dem 17. Dezember 1853 (?) abdrucken. „Frankfurt
a. M. Vor einigen Monaten richtete eine große Zahl
hiesiger Handwerker eine Vorstellung an den Senat
unserer freien Stadt wegen Wiederaufnahme der Grund=
bestimmungen der Constitutionsergänzungsakte, um da=
durch die den hiesigen Israeliten zugestandene Rechts=
gleichheit wieder zu den von der erwähnten Ergänzungs=
akte vorgeschriebenen Schranken zurückzuführen. Eine
ähnliche Vorstellung wurde auch an die Bundesversammlung
gerichtet. Die hiesigen Israeliten haben sich nun, dem
Vernehmen nach auf diplomatischem Wege (?), ein voll=
ständiges Verzeichniß von allen Unterzeichnern dieser Vor=
stellungen zu verschaffen gewußt und unter sich das Ueber=
einkommen getroffen, mit denselben jeglichen Verkehr auf=
zuheben. Eine von dem bekannten früheren Redakteur
des „Volksboten", G. Herold, an seine Mitbürger ge=
richtete Ansprache, weist auf das Bedrohliche einer solchen

Verrufserklärung hin, die überall mit schwerer Strafe be=
droht sei."

Die Juden sahen indeß bald ein, daß ihnen ein
solches Gebahren den Haß der Zünfte aufladen könnte.
Die ehrsame Metzgerzunft, von der sie einzelne Mitglieder
förmlich in Verruf erklärt hatten, dachte daran, ihnen
zu zeigen, daß sie nicht nach ihrer Pfeife tanzen werde.*)
Da lenkten die Herren Juden denn (ohne Zweifel vom
rabbinischen Obern dazu bedeutet) rasch ein und erklärten,
daß sie gesonnen seien, sich gegen Jedermann wie früher
zu verhalten. Aber sie haben noch immer den Groll im
Herzen, und sowohl Juden, wie Judensprossen, als auch
die ihnen Affiliirten strebten dahin, den „übermüthigen
Handwerkern" bei Gelegenheit zu zeigen, daß „sie Ihrer
unvergessen sind." —

Daß die Juden ein ihnen in den Weg gelegtes
Hinderniß oder einen ihnen angethanen Spott und Schimpf
nie vergessen und sich dafür oft noch nach Jahren in
auffälliger Weise rächen, davon hat die Stadt Frankfurt
einen traurigen Beweis gehabt, in Folge dessen nicht
allein eines der geachtetsten christlichen Banquiers=Häuser
daselbst allmälig zu Grund gegangen ist, sondern die
Nachkommen desselben auch von Juden und Judensprossen
ganz eingefädelt worden sind. Wir wollen hier die That=
sache einfach erzählen und von den dabei betheiligten Per=
sonen nur die Anfangsbuchstaben ihrer Namen anführen.

---

*) Daher die maßlosen Intriguen des Frankfurter Judenthums,
um die Aufhebung der Zünfte zu veranlassen; daher die beabsichtigte
Erhöhung des Prozentsatzes! A. d. V.

Vor etwa vierzig Jahren war das christliche Banquier=
haus G. und H. eines der angesehensten Handelshäuser
in Frankfurt a. M. Damals stand demselben der vielen
Einwohnern noch wohl erinnerliche alte Herr H..... vor.
Dieser Mann von respektablem Aeußern und einnehmen=
den Manieren war wegen seiner Redlichkeit, aber auch
wegen der Abgeneigtheit, die er den Juden bezeigte,
überall bekannt. Man sagte, daß er den späteren jüdischen
Consul B. G. H. einmal als jungen Menschen, als der=
selbe Werthpapiere vermakeln wollte, mit den Worten:
„Hinaus Maschores!" zu seinem Cabinete hinausgewiesen
habe. Es begab sich nun einmal, daß Herr H. einen
Wechsel von sehr geringem Betrage auf das Haus Ge=
brüder R., welches damals noch nicht zu jener Höhe
heraufgestiegen war, auf der es sich jetzt befinden will,
eingesendet erhielt. Sei es aus Scherz oder wegen eines
älteren Grolles, oder nur um den Juden zu ärgern und
zu demüthigen, genug, Herr H. ließ dem alten A. R. bei
Präsentirung des Wechsels sagen: „Gebrüder R. sollen
mir das Geld für den Wechsel in's Haus schicken." Er
nahm damit nur Bezug auf ein uraltes, längst außer
Gebrauch gekommenes Gesetz in Frankfurt, welches be=
sagt: „daß der Jüd das Geld für einen Wechsel dem
Christen ins Haus zu bringen hat." "

Da dieses Gesetz damals noch rechtskräftig bestand,
das heißt, nie aufgehoben worden war, so sah sich das
Haus Gebrüder R. genöthigt, dem Herrn H. zu will=
fahren. Nachdem dies nun zum großen Gaudium der
damals noch zahlreichen und die Juden wenig fürchtenden
Banquiers geschehen, begann die Rache der Juden: Der

alte A. R. ließ als Chef des Hauses an alle seine Ge=
schäftsfreunde schreiben, daß die Gebrüder R. keine Wechsel
mehr auf das Haus G. und H. nehmen würden und daß
man ihm solche daher durchaus nicht mehr endossiren
möge. Natürlich glaubten sämmtliche Häuser, an welche
das Circular gerichtet war, nicht anders, als daß H.
nicht mehr so solvent sei oder mindestens schwanke.

Obwohl das christliche Haus G. und H. nun diesen
gewaltigen Schlag zu pariren suchte, so sank dasselbe doch
alsobald in Folge dieses Manövers der Judenrache von
der Höhe eines ersten Banquiershauses zu dem Range
kleinerer Häuser herab und konnte sich nie mehr erholen.
Der alte würdige H. wurde vor Kummer über diese An=
gelegenheit krank und starb, nachdem er noch manches —
ihm wahrscheinlich durch Judenintriguen bereitete — Unglück
in geschäftlicher Hinsicht erfahren hatte. Sein Sohn, ein
ohnehin unfähiger Mensch, brachte das Geschäft nicht mehr
in besseren Gang, sondern setzte sich nach mancherlei Ver=
suchen endlich beim Verkauf seines vom Vater ererbten
Besitzthums, ein schönes Haus mit großem Hofraum und
Nebengebäuden, zur Ruhe und die einst so gerühmte hoch=
stehende Firma G. und H. erlosch.

Der Sohn dieses Herrn aber, also der Enkel des
alten H., wurde nicht allein schon früh von Juden und
Judensprossen auf die schlaueste Weise in ihre Kreise ge=
zogen, sondern man vermittelte auch dessen Eintritt als
Commis in das Judenhaus E. nach Paris. Dort lernte
er die Nièce des Hauses und Tochter des Frankfurter ge=
tauften und reichen Juden E. R. kennen, wurde mit ihr
eingefädelt, reiste ihr nach Aachen ins Bad nach, verlobte

sich mit ihr und heirathete sie. Als dies geschehen war, sagten die Frankfurter Juden: „Sein Großvater war unser größter Feind — er aber (der Enkel) hat dran glauben müssen!" das heißt: er ist zum Judenthum hin= übergezogen worden. Derselbe ist denn auch in Sprache und Haltung schon vollkommen verjüdelt. Von den An= verwandten seiner Frau haben die meisten sich wiederum nur mit Judensprossen verheirathet. Deren Bruder soll jedoch jetzt eine von S. aus dem Badischen geheirathet haben. Es ist gut, daß man weiß, daß diese von S. ursprünglich von nichts weniger als ritterlicher Herkunft sind, sondern auch nur mit der Elle, statt mit dem Schwerte gemessen haben. Daß Herr R. damit der Absicht der Juden, „wir müssen alle adelig werden", näher gerückt ist, wollen wir nicht anzweifeln; denn Geld, schlaue Worte und Verbindungen öffnen ja in unserer Zeit jede Thür. —

Was nun die Preßverhältnisse in Frankfurt betrifft, so ist es bekannt, daß das Frankfurter Journal vor 1866 längere Zeit fast nur von Juden bedient wurde. Die Begründer und Aktionäre der neuen Süddeutschen Zei= tung waren theilweise Juden oder Judensprossen. Die Frankfurter Zeitung ist Eigenthum des getauften Juden Braunfels, der auch die selig entschlafene „Volkszeitung" — welche durchaus nur im Judeninteresse wirkte, mit= begründen geholfen haben soll. Der „Aktionär", ein Blättchen, welches in allen möglichen Dingen aushalf, hatte den Juden Scherer zum Redakteur. Zu gleicher Zeit war noch der bekannte Judensprosse Pehser, welcher „viel im Nationalverein macht", demselben attachirt. Die von dem talentvollen Schriftsteller F. Stolze heraus=

gegebene Frankfurter Laterne wurde, nachdem sie im Jahre 1861 einen die Juden vortrefflich persiflirenden Artikel: Die Gebrüder Lärmenschläger gebracht hatte, in eilender Weise durch den früher angezogenen Dr. Löwenthal, welcher sich seltsamer Weise Löning nennt, zum dritten Theil in Judenhand gebracht; das heißt: Herr Löning*) trat als dritter Theilhaber gegen Bezahlung einer gewissen Geldsumme in die Redaktion des Blattes. Auch die vormals von der Thurn und Taxis'schen Oberpostbehörde subventionirte Post=Zeitung that den Juden sehr viel zu Gefallen. Der letzte Redakteur derselben, ein gewisser Sattler, that namentlich aber auch den Musikjuden gar viel zu Liebe. Seine Berichte über die Leistungen des Hiller, des Eliason, Hecht und Wallerstein, welcher sich jetzt Wallenstein heißen läßt, des Offenbach, Halevy" und wie alle diese Juden heißen, brachten oft das Unglaublichste an Lobhudelei.

Nur der Frankfurter Volksfreund, ein besonders um städtische Angelegenheiten verdientes Blatt, wagte es zuweilen, bei seiner anerkennungswerthen Aufdeckung des Spiel=

---

*) Wenn Juden sich einen andern Namen beilegen oder beilegen lassen, haben sie, um die Petschafte oder Stempel, deren sie sich bis dahin bedienten, nicht neu anfertigen lassen zu müssen, stets Vorsorge, den früheren Anfangsbuchstaben ihres Namens beizubehalten. Wir erinnern (außer an den obigen Löning) an den Direktor der Versicherungsgesellschaft Phönix, der sich Löwengarb nannte und im Judenthum Levi geheißen hatte, ferner an den Dr. Rindskopf, welcher sich Robert umtaufte, sowie an die Gebrüder Dublin, die früher Oppenheimer geheißen hatten; an den Stiebel, welcher sich Stephan getauft hat, u. s. w.   A. d. B.

höllentreibens in Homburg an Juden und Judensprossen heranzugehen, muß aber, wie aus dem nachfolgenden Referate ersichtlich, zuweilen schwer dafür büßen.

„Sitzung des Appellationsgerichts am 12. Dezember 1862. In der heutigen Sitzung des Appellhofes sollten 2 Fälle zur Verhandlung kommen. Der eine Fall betraf die Ehrenkränkungsklage des hiesigen Bürgers und Banquiers Raphael von Erlanger gegen Nikolaus Habermann, Redakteur des Volksfreundes. Wie bekannt, erklärte seiner Zeit das Zuchtpolizeigericht, indem es Habermann von der erhobenen Beschuldigung der Verleumdung freisprach, der in Nr. 91 des „Volksfreundes für das mittlere Deutschland“ vom 30. Juli 1861 in dem Aufsatze: „Die Homburger Spielhölle“ verübten Ehrenkränkung für schuldig und verurtheilte den Beklagten hiefür in eine Gefängnißstrafe von 2 Monaten, sowie zur Tragung der Kosten ꝛc. Der Beklagte legte gegen dieses Urtheil Appellation ein. Es war eine Anzahl von Zeugen vorgeladen worden, um mit ihnen den Beweis der Wahrheit zu führen. Der erste Zeuge, der Direktor der Homburger Landesbank, Herr Schuler, wußte auf eine, ihm von der Vertheidigung gestellte Frage, ob er sich nicht erinnere, daß im Auftrage des Landgrafen bei der Landesbank Papiere mit Beschlag belegt worden seien, aus welchen hervorgegangen, daß verschiedene Bestechungen durch die Landesbank geschehen und in Folge dessen Regierungsrath W. seiner Stelle verlustig erklärt worden sei, nur so viel zu deponiren, daß ihm davon nichts bekannt wäre; er wisse nur, daß Regierungsrath Lommel bei ihm gewesen und die monatliche Revision vorgenommen habe. Die

Vertheidigung fragte hierauf, ob der Zeuge nicht früher den Titel Finanzrath geführt, und ob ihm nicht von diesem Tage an der fragliche Titel entzogen worden sei? Die Thatsache wird zwar zugegeben, doch hat nach Versicherung des Herrn Schuler diese Angelegenheit mit der in Frage stehenden nichts zu thun. Zeuge Brenner, Rentier aus Homburg, deponirt, daß die im Volksfreund vorgeführten Verhältnisse zum größten Theile auf Wahrheit beruhten, und namentlich verschiedene Gerüchte, die in diesem Blatte erwähnt seien, s. Z. allerdings kursirten. Zeuge Steffeus bezeugt, daß eine eigentliche Direktion der Landesbank nicht existire, Herr v. Erlanger verwalte die Sache, die andern Personen seien nur Maschinen und in seiner Stellung als Revisor habe Zeuge die Gewißheit erhalten, daß von E. namhafte Geschäfte mit der Spielbank mache. Zeuge Karsch aus Düsseldorf erklärt, soweit ihm die Verhältnisse bekannt, gebe es in Homburg nur die eine Meinung, daß die Institute des Leihhauses, der Landesbank und von Erlanger eins seien. Man sage, daß Blank, wie von Erlanger, das, was sie sind, beide durch die Verhältnisse der Homburger Regierung zur Landesbank geworden seien; ob Herr von Erlanger dabei wirklich betheiligt, könne er mit Bestimmtheit nicht sagen. Bekannt sei es ebenfalls, daß die Homburger Justiz viele Sachen, die sonst in der gebildeten Welt nicht geschützt wären, schütze; daß im Homburger Pfandhaus Betrügereien vorgegangen, die zwar der dortigen Justiz angezeigt, jedoch niedergeschlagen worden seien. Zeuge wisse, daß v. Erlanger häufig mit der Bank Geschäfte mache; die Lage des neuen Pfandhauses sei derart, daß die Spiel-

bank ganz von demselben umgarnt würde. Zeuge geht
hiebei auf die Lage des Gebäudes ein und erzählt ferner
die Geschichte eines Vorfalles im Pfandhause, wo die
echten Steine eines Schmuckes durch falsche ersetzt worden
sein sollten, die Homburger Justiz habe jedoch erklärt,
daß eine landgräfliche Pfandhausverwaltung solche Be=
trügereien nicht machen könne; es sei auch ferner wahr,
daß man in Homburg sage: „In dem Leihhaus wird
eine Morgue errichtet ꝛc." Da mehrere Zeugen aus=
geblieben waren, namentlich Herr Lommel, an welchen die
obenangeführte an Herrn Schuler gestellte Frage gerichtet
werden sollte, zumal dieser die fraglichen Papiere mit
Beschlag belegt haben soll, so stellte der Vertheidiger
Habermanns, Herr Dr. Sauerländer, bei der Wichtigkeit
der Sache den Antrag auf Vertagung und Vernehmung
der ausgebliebenen Zeugen zu Homburg in Beisein der
beiderseitigen Anwälte. Der Gerichtshof verwarf diesen
Antrag. Herr Dr. Sauerländer wies in der Begründung
der Appellation zuerst den in dem erstinstanzlichen Urtheil
gebrauchten Ausdruck „Cynismus" zurück, und suchte nach=
zuweisen, daß der fragliche Volksfreundartikel nur eine
sittliche Entrüstung athme; in anderen Fällen wegen Ehren=
kränkung habe das Zuchtpolizeigericht statt Freiheits= nur
eine Geldstrafe ausgesprochen, hier aber habe man Haber=
mann zwei Monate Gefängniß diktirt und es scheine ihm,
als ob hier die subjektive Ansicht des Richters dessen
objektive überwogen habe. Habermann habe, wie aus
den Zeugenaussagen hervorgehe, nur Gerüchte, die in Hom=
burg in Umlauf seien, referirt, und mit den Waffen der
Ironie gegen eine schlimme Sache gekämpft. Die sittliche

Auffaſſung der Sachlage in Betreff des Verhältniſſes der Landesbank zur Spielbank müſſe bei der Urtheilsſprechung mit berückſichtigt werden; geſchehe dies, ſo müſſe eine Frei= ſprechung des Beklagten erfolgen. Der Vertreter des Klägers, Herr Dr. Feſter ſucht darzuthun, daß man den „Volksfreund“ nicht dazu brauche, ſeine ſittliche Entrüſtung auszudrücken über eine Anſtalt, welche von der öffentlichen Meinung bereits gebrandmarkt und verdammt ſei; der „Volksfreund“ habe nur darnach getrachtet, die Perſon des Herrn R. Erlanger*) in der Oeffentlichkeit herabzu= ziehen; die Haltung des „Volksfreundes“ früher und jetzt ſei bekannt, und es liege kein Grund vor, den Cynismus, wie der Herr Gegenanwalt denſelben für frühere Zeiten zugegeben, nicht auch heute anzunehmen. Das Urtheil des Gerichtshofes reformirte das Urtheil des Zuchtpolizei= gerichts, ſoweit es ſich um das Strafmaß handelte, dahin, daß es R. Habermann wegen Ehrenkränkung in eine Ge= fängnißſtrafe von 14 Tagen und in die Koſten ver= urtheilte.“

Bekanntermaßen iſt der „von Erlanger“ jüdiſcher Her= kunft.

Der vorſtehende Bericht über die ſtattgehabte Ver= handlung gegen Herrn Habermann läßt einen tiefen Blick in die Verſunkenheit gewiſſer Zuſtände thun.

---

*) Eine Jüdin mit Namen Sarchen Erlanger aus Hebernheim, von der wir übrigens nicht wiſſen, ob ſie mit dem Herrn von Erlanger in entfernt verwandtſchaftlicher Beziehung ſteht, wurde vor einigen Jahren vom Zuchtpolizeigericht in Frankfurt wegen Dieb= ſtahl und Hehlerei mit längerem Gefängniß beſtraft. Zu Ichen= hauſen in Bayern erhängte ſich i. J. 1866 der iſraelitiſche Handels= mann Iſaak Erlanger.

Daß die Juden auf Kosten der Christen in Frank=
furt am Main und der Umgegend reich und überreich
geworden sind, ist eine Thatsache. Wie sie es aber ge=
worden sind, das ist uns aus tausendfachen Beispielen
bekannt geworden. Wir wollen hier noch beifügen, was
die Neue preußische Zeitung vor einiger Zeit in Betreff der
alten Reichsstadt ausführte, indem sie wörtlich also schrieb:

„Wenn ein Fremder die Straßen Frankfurts beschauend
durchwandert und in den schönsten Stadtquartieren nach
den Namen der Eigenthümer der großartigsten Häuser
fragt, so muß er billig darüber erstaunen, daß diese Häuser
meistentheils im Besitze von Juden sind. Sie sind aus
ihrer früheren Judengasse herausgezogen, deren ruinen=
artige Häuser jetzt von Christen bewohnt werden, haben
die Haupthandelsstraßen mit Verdrängung der Christen
occupirt, die schönsten Häuser der Stadt und die reichsten
Villen der Umgegend in ihre Hand bekommen, und werden
bald bewirkt haben, daß die Christen in die kleinen Straßen
der alten Stadt ziehen, den Juden den größeren Theil
Frankfurts überlassen, und da Handel und Wandel schon
jetzt in den Händen derselben sind, in einem besonderen
Christenviertel von der Gnade der nichtchristlichen Mit=
bürger leben müssen. Hieher müssen die Emanzipations=
helden kommen, um zu sehen, wie sich diese „gedrückte
Nation“, diese „Heloten“ und „Parias“ so ungemein be=
haglich befinden, und wie diese Behaglichkeit sich in ihrem
Auftreten bei jeder Gelegenheit zeigt. Hier kann man
aber auch sehen, welche Folgen es nach sich zieht, wenn
man die Juden ganz unbeschränkt schalten und walten
läßt.“ —

Auf welche Weise manchmal die Frankfurter Juden zu Geld gekommen sind, ersieht man aus einem vom peinlichen Verhöramte daselbst unter dem 10. Juni 1852 erlassenen Steckbriefe. Dieser Steckbrief verfolgte den dortigen Bürger und Handelsmann Jakob Rindskopf, Inhaber einer Handlung für Commission und Spedition, der ein sogenanntes Promessengeschäft betrieben, dabei betrüglicher Weise zweideutige und dem unkundigen Publikum unverständlich abgefaßte Pläne und Promessen auf großherzoglich badische, kurfürstlich hessische und andere Anlehenloose, sowohl zu Serienziehungen als zu Gewinnziehungen verkauft hat, ohne die erforderliche Anzahl von Loosen zu besitzen, liefern oder hinterlegen zu können, und zu der am 31. März 1851 stattgehabten Gewinnziehung des großherzoglich badischen Anlehens vom Jahre 1845 über das in seinen Händen befindliche Serienloos Nr. 217,413 an drei verschiedene Personen gleichlautende Promessen auszugeben, den darauf gefallenen, dreimal von ihm promittirten Gewinn von fl. 50,000 aber für sich discontirt hat und mit diesem Betrage flüchtig geworden ist.

Was aber unter diesen Frankfurter Juden sich zuweilen für Schwindler breit machten, davon gibt der Jude Joseph Gerothwohl ein auffälliges Beispiel. Unter dem 19. Februar 1856 schrieb die Augsburger Allgemeine Zeitung über diesen Frankfurter Juden Folgendes:

„Großherzogthum Hessen. In Gießen ist wegen Verdachts der Wechselfälschung und verschiedener Schwindeleien ein Individuum verhaftet worden, welches den bescheidenen Titel führt: Graf de Croy-Chanel von Ungarn, erblicher Malteserritter, Commandeur und Ritter mehrerer anderer

Orden. Ueber die Persönlichkeit dieses Mannes waltet kein Zweifel mehr ob. Derselbe ist ein Jude aus Frankfurt a. M., Namens Joseph Gerothwohl, Sohn des Handelsmannes Menke Simon Gerothwohl daselbst und dessen Ehefrau Jetta, geb. Falk. Es kommt nur noch darauf an, die vielfachen Verbrechen zu ermitteln, welche dieser Mensch theils durch Wechselfälschungen, theils durch eine unerhörte Wechselreiterei verübt hat, indem er durch allerlei schlaue Machinationen mit vielen Kaufleuten und Handlungshäusern in den preußischen Rheinprovinzen in Belgien und im südlichen Frankreich Geschäftsverbindungen angeknüpft hat. Ueber das Treiben dieses Menschen ist bis jetzt Folgendes festgestellt: Als junger Mann ging er nach Frankreich und soll sich dort wirklich mit einer verarmten Adeligen de Croy-Chanel verheirathet haben, deren Bruder 1830 bei einer politischen Verschwörung eine Rolle gespielt haben soll. Nach seiner Angabe will er fabelhafter Weise von Ludwig Philipp die Erlaubniß erhalten haben, den Namen seiner Ehefrau führen zu dürfen, und seit jener Zeit nennt er sich Graf de Croy-Chanel. So weit festgestellt werden konnte, hat er wegen bedeutender Schwindeleien und Betrügereien Paris heimlich verlassen. Im Jahre 1836 kam Gerothwohl, nachdem er bereits in Offenbach und Siederrath gewohnt hatte, nach Höchst, wohnte dort lange mit seiner obengenannten Frau, ließ sich kostbare Meubel mit gräflichen Wappen machen, und bezahlte auch anfangs. Ein Jahr später starb in Frankreich ein Graf de Croy-Chanel, welcher der Ehefrau des Gerothwohl ein Legat ausgesetzt hatte. Die letztere reiste deshalb nach Frankreich, ihren Mann und ein Kind zurück-

4

laſſend. Während der Abweſenheit der Frau verbrachte Gerothwohl das vorhandene Vermögen, und verkaufte alle Mobilien. Nach der Zurückkunft ſeiner Frau kaufte er ein Haus in Wiesbaden, führte große Bauten aus, machte bedeutenden Aufwand, bezahlte aber nicht. Nach kurzer Zeit entfernte er ſich, der Concurs brach aus und die Gläubiger fielen mit einer Summe von 27,133 fl. 28 kr. aus. Späterhin hat ſich Gerothwohl in Boppard aufgehalten und dort verſchiedene Geſchäfte betrieben. Zunächſt vermittelte er eine Lokaldampfſchifffahrt zwiſchen Coblenz und Boppard, indem er ein kleines Dampfboot ankaufte, welches aber bald wieder zum Beſten der Gläubiger verſteigert werden mußte. Dann erwarb er einen Antheil an einem Kupferbergwerk im Kreis St. Goar. Auch dieſes Geſchäft verunglückte bald zum Nachtheile der Gläubiger. Einen eigenthümlichen höchſt umfangreichen Schwindel übte er aus, indem er von einem werthloſen Sauerbrunnen große Maſſen in Krüge füllen und ſolche als Selterswaſſer verſenden ließ. Zur Zeit der Induſtrie-Ausſtellung in London ſuchte er dort unter höchſt pomphaften Ankündigungen eine Generalagentur für Werke der Induſtrie zu etabliren. Er führte dort die Firma: Ungar Cuncliffe und Comp. Natürlich lief das ganze Geſchäft wieder auf reine Schwindeleien hinaus. Von London wendete er ſich im Herbſte 1854 nach Holland und etablirte eine Kaltwaſſerheilanſtalt in Vaals. Er kaufte große Lokalitäten, unternahm erhebliche Bauten; das ganze Unternehmen ſtürzte aber noch vor der Eröffnung zuſammen und ergab ſich wieder als eine große Schwindelei. Er ſpielte in Holland die Rolle eines geflüchteten franzöſiſchen

Legitimisten und geheimen Abgesandten der königlichen Familie von Orleans. Er trug viele Ordensbänder und führte prunkende Titel. Nachdem Gerothwohl längere Zeit hindurch verschwunden, auch eine Zeit lang in Frankreich verhaftet war, tauchte er in Homburg und Gießen wieder auf, wo endlich seine Verhaftung erfolgte, und wo man sich mit Verfolgung und Feststellung seiner vielen Schwindeleien beschäftigt."

Dieser Bericht stimmt im Wesentlichen mit den Untersuchungen überein, welche der verdienstvolle Polizeirath Norer in Gießen über die Schwindeleien des Joseph Gerothwohl erhob und in dem in Mainz erscheinenden Polizei-Telegraph, Jahrgang II, unter dem 20. September 1857 mittheilte. Man ersieht daraus, daß Gerothwohl endlich unter dem 6. Juni 1856 zu zwei Monaten Gefängniß verurtheilt und dieses Urtheil in allen Instanzen bestätigt wurde.

Interessant ist es auch, aus demselben weitere polizeiliche Mittheilungen über die Familie Croy-Chanel schöpfen zu können, welche ebenfalls nur aus Schwindlern zu bestehen scheint und — wahrscheinlich auch jüdischen Ursprunges — sich Namen und Wappen der uralten Familie de Croy angemaßt hat. Es heißt darin wörtlich so:

„Es gibt ein altes gräfliches Geschlecht des Namens welches seine Abstammung von dem ungarischen Könige Andreas III. herleitet, woher es kommt, daß es das Prädikat „de Hongrie" und den Mittelschild des ungarischen Königswappens, das von der ungarischen Krone bedeckt ist, führt. Gerothwohls Schwiegervater, Forstinspektor in Laon in Frankreich, und die Söhne desselben gehören diesem Geschlechte aber nicht an, und sind nicht befugt, den Grafentitel zu führen, sie haben denselben sich von jener altgräflichen Familie widerrechtlich angemaßt, weshalb ein Prozeß gegen sie geführt wurde."

In dieser Beziehung hat der kaiserliche Herr Staatsprokurator in Laon in seinem Antwortschreiben vom 23. Juni 1857 wörtlich gesagt: »Gerothwohl est appelé souvent Comte de Croy-Chanel, nom qu'il n'avait pas plus le droit de porter que son beaupère lui-même, qui l'avait usurpé d'une des plus illustres familles de France.«*)

Ueberdies geht aus vorstehendem Bericht im Polizei-Telegraph hervor, daß der älteste Sohn des Forstinspektors mit Vornamen Heinrich heißt und seit 1844 zu Peczel bei Pest in Ungarn wohnhaft war, ferner, daß dessen zweiter Sohn August heißt und in Paris, rue Montholon Nr. 24, wohnte. Endlich ersahen wir daraus, daß dessen Tochter, Emerentia Franziska Paulina, welche an einen sich „Marquis" nennenden Herrn Ferrières Saudeboeuf verheirathet war, im Jahre 1855 wegen Betrugs und Schwindeleien vom Gerichtshofe zu Laon zu fünf Jahren Gefängniß verurtheilt worden ist und im Gefängnisse zu St. Lazare in Paris starb. Dem ältesten Bruder dieser Familie gelang es, man weiß nicht durch welche Mittel, in Ungarn als Magnat Anerkennung

---

*) Demnach hätte diese Familie in dem Gothaer genealogischen Taschenbuch der gräflichen Häuser keinen Platz finden können.

Notiz des Herrn Polizeirath Norer zu obenerwähntem Artikel.

zu erlangen. Der andere Bruder, August, wollte noch höher hinauf, denn er und der in letzter Zeit mehrfach genannte Abenteurer, welcher sich Prinz von Crouy=Chanel nennt, sind ein und dieselbe Person. Wir behalten uns vor, dieses großartigen Schwindlers, der die Frechheit hatte, sich als Abkömmling des erlauchten Hauses Este zu geriren und der jetzt in Frankreich eine Gefängniß= strafe von 3 Jahren absitzt, unter den „Jüdischen Schwindlern" eingehend zu gedenken. Es erübrigt noch, zu erwähnen, wo dieser Juden Stammschloß „Chanel" gelegen sein mag. Der linke Hauptthurm der Davids= burg in Jerusalem wurde Cha(na)nel genannt.

Die Söhne des Juden Gerothwohl, welche in einem kleinen Orte bei Friedberg in Hessen unter dem Namen de Crouy katholisch getauft sind, waren in Rollduc in Belgien, also benannt, in einem Pensionate und spielen jetzt wohl schon unter demselben Namen irgendwo ihre Rolle. In Frankfurt giebt es überdies noch eine Menge Judenfamilien, welche mit oder ohne Erlaubniß der Obrigkeit die Judennamen abgelegt und sich mit den schönsten Namen geschmückt haben.

Daß die Juden, und namentlich die Frankfurter Juden, den größten Theil der Homburger und Wies= badener und anderer Spielaktien in Händen haben und daß sie die Hauptbegründer dieser Societäten zur Aus= breitung des Spieles sind, und daß endlich von ihren Leuten überall welche im Geschäftsbetriebe dieser sauberen Genossenschaften sind, ist eine bekannte Thatsache. Ben= azet (Ben Azet, d. h. der Sohn des Azet) gehörte einer ursprünglich jüdischen Familie in Südfrankreich

an.*) Der sogenannte Baron Viktor Herz, welcher Spiel=
pächter in Wildungen ist, ist ein getaufter Jude aus
Frankfurt a. M. Dessen Schwester war die Gattin des
Baron Karl von Rothschild. Die Direktoren und Unter=
direktoren ‚der verschiedenen Spielbanken sind entweder
Juden oder Judensprossen, so der bekannte Direktor
Hartlieb u. s. w. in Homburg. Ueberdieß sind die Rechts=
beistände der deutschen Spielbanken fast überall getaufte
Juden; der bekannte L. Braunfels in Frankfurt a. M.,
der, abgesehen von seinen schönen Reden im weiland
gesetzgebenden Körper in Frankfurt a. M. sich auch als
Vers= und Broschürenjude einen Namen machen wollte,
ist Rechtsconsulent der Nauheimer Spielbank. Ueber dieses
Wirken des getauften Juden Braunfels brachte der Frank=
furter Volksfreund unterm 20. Oktober 1861 folgenden
heiteren Bericht:

„Nachträgliches zu dem Artikel in Nr. 112 d. Bl.,
die Nauheimer Spielbank betreffend. (Eingesandt.) Sie

*) Der früher viel in Schriftstellerei und für einen gewissen
hohen Herrn auch sonst in Allerlei machende August Lewald,
Anverwandter der Fanny Lewald und anderer norddeutscher Juden,
schrieb i. J. 1850 unter dem Titel: „Gräber, Schilderungen aus
Baden=Baden", sehr breite Artikel ins Frankfurter Conversations=
blatt, worin er beklagt, „daß keine Musik mehr erschalle, die Läden
geschlossen seien und keine Jokeys und Grooms mehr schwatzten in
allen Sprachen der Welt!" Wohl um sich zu entschädigen für den
geschlossenen Spielsaal, wallfahrtete er zum Grabe des Benazet,
„welcher sich selbst la providence de Bade nannte, welcher die
Sänger Lutzer einlud, ein von ihm veranstaltetes Musikfest zu ver=
herrlichen und sie wahrhaft fürstlich honorirte", u. s. w. Ein solches
Geschreibe bedarf keines Kommentars.   A. d. B.

irrten in der That nicht, als Sie Ihren Lesern mit-
theilten, daß Herr Dr. Ludwig Braunfels Rechtsconsulent
der ersten Nauheimer Spielaktiengesellschaft gewesen ist;
Er unterstützte dieses Unternehmen von dessen Gründung
an durch sein Talent auf's eifrigste, unbeschadet seines
Patriotismus und seiner Respektabilität, versteht sich.
Den verunglückten Aktionären jener ersten Gesellschaft kann
daher kein besserer Rath ertheilt werden, als sich an ihn
zu wenden, um nähere Aufschlüsse darüber zu erhalten,
unter welchem Gesichtspunkte das Gebahren der Direktion
und des Aufsichtsrathes aufzufassen sein möchte. Vielleicht
entschließt sich derselbe sogar, zum allgemeinen Besten, die
Zahl seiner literarischen Werke mit einer Geschichte des
Ursprungs und Untergangs jener industriellen Speculation
zu vermehren, mit dem Motto etwa: „Speculation ist
erlaubt; es kommt nur darauf an, ob ihr Objekt ein
rechtliches sei", (gesetzlich nicht verpöntes?) was ganz dem
Grundsatz entspräche, welchen er ganz kürzlich erst als in-
direkt erwählter Vertreter löblicher hiesiger Bürgerschaft
in öffentlicher Sitzung der Versammlung bei Gelegenheit
der Debatte über Artikel 18 d. des Gesetzentwurfes, die
Gründung einer Staatsdiener-Wittwen- und Waisenkasse
betreffend, geltend zu machen versuchte. Jedoch ist möglich, daß ihm seine bekannte Bescheidenheit die Schreibung
einer Geschichte verbietet, in welcher er selbst keine un-
wichtige Rolle gespielt hat. —

„Wie sich doch die Zeiten ändern und die Menschen
mit ihnen!

„Das ist nun an sich keine abnorme, sondern eine
ganz natürliche Erscheinung: denn der Mensch soll an

Erkenntniß und an innerem und moralischem Werth fortschreiten, nicht stehen bleiben oder gar rückwärts gehen. Es ist also allerdings möglich, daß Jemand, der in seinen jüngeren Jahren ein Spieler gewesen ist, im reiferen Alter dagegen durch Erfahrungen, welche er an sich oder Anderen gemacht hat, von dieser Leidenschaft curirt ist und gegen die Spielbanken eifert und arbeitet. Gibt es doch sogar alte Betschwestern, welche in ihrer Jugend Freudenmädchen gewesen sind. Eine solche Laufbahn ist auch nicht gerade eine hübsche und erfreuliche zu nennen, aber sie hat doch nichts Naturwidriges; die entgegengesetzte jedoch ist eine ekelerregende Erscheinung.

„Herr Dr. Ludwig Braunfels tritt seit dem Jahre 1853 als Rechtskonsulent einer Spielbankaktiengesellschaft auf, folglich zu Gunsten einer Spielbank. Er ist thätig und hilfreich gewesen eine solche zu gründen. Im Jahre 1848 aber hat er einen Antrag gegen die Spielbanken gestellt. Hatte er sich unterdessen von dem moralischen Werthe dieser, von der öffentlichen Meinung gebrandmarkten Anstalten überzeugt? Hat er ihren volkswirthschaftlichen Werth kennen gelernt?

„Warum aber das Alles und gerade heute? werden manche vielleicht fragen. Ei warum? Darum! Bei Leuten, die sich auf dem Felde öffentlicher Thätigkeit überall vordrängen; die überall, wo es sich angeblich um das Wohl des Volkes handelt, mitrathen und mit ... — Gott bewahre! beinahe hätten wir mitthaten gesagt, soweit sind wir aber noch lange nicht, — mitschwatzen, müssen wir sagen, mitschmußen — bei solchen Leuten kann es nicht schaden, ihnen und Andern von Zeit zu Zeit den Spiegel ihrer eigenen Geschichte vorzuhalten.

„Herr Dr. Braunfels also hat in der ersten geschäft= lichen Sitzung, welche die constituirende Versammlung dieses Freistaates am 22. November 1848 hielt, den An= trag angekündigt und als dringlich bezeichnet: Daß durch den Senat erwirkt werden möchte, daß dem Spielpächter in Wilhelmsbad nicht gestattet werde, im Winter Spiel zu halten."

„Am 25. November desselben Jahres schon kam dieser Antrag zur Berathung und wurde von Dr. Reinganum dahin erweitert, ihn „auf Homburg und überhaupt auf alle Winterspiele, ja selbst auf alle Spielbanken in Deutsch= land" auszudehnen.

„Dr. Braunfels schließt sich diesem Erweiterungs= antrage an und macht zu seinem Antrage den Zusatz:

„Zugleich möge hoher Senat dahin wirken, daß von der Reichsgewalt die baldige Beseitigung aller Hazardspielbanken herbeigeführt werde."

„Diese Anträge, wurden damals von der Versamm= lung ohne allen Widerspruch zu Beschlüssen erhoben und diese Beschlüsse von der gesammten Bürgerschaft mit Be= friedigung aufgenommen. Und heute?

„Heute sitzt derselbe Dr. Braunfels, der unterdessen seine Ansichten, was dieselben Spielbanken betrifft, in pejus reformirt hat, der unterdessen für die Errichtung einer Spielbank gewirkt hat, als angeblicher Ver= treter der Frankfurter Bürgerschaft in einer ähnlichen Ver= sammlung, wie im Jahre 1848. Hat ihn die Frankfurter Bürgerschaft selbst dahin gesendet? Gott bewahre! Nur durch das Cliquenwesen einer indirekten Wahl ist er hineingekommen." —

Das Vorstehende zeigt einstweilen genugsam die Betheiligung der Frankfurter Juden an dem Spielbanktreiben. Wie sie es mit dem medizinischen Schwindel gemacht haben, wollen wir jetzt auch mit einigen Worten anzeigen. Die sogenannte Revalenta arabica, welche, wie der Apotheker Frickhinger in Nördlingen seiner Zeit dargethan hat, fast ausschließlich aus Bohnenmehl besteht, wurde in Frankfurt a. M. (in Sachsenhausen vor dem Affenthor) fabrizirt, d. h. diejenige Revalenta, welche für Deutschland bestimmt war. Sie hatte zum Verfertiger einen von Abstammung Frankfurter Juden, welcher sich Barry du Barry nennt und in London die Hauptfabrikation dieses angeblichen Wundermittels begründet hatte. Diese Revalenta wurde durch die Frankfurter Agentur massenhaft in ganz Deutschland verbreitet.*)

Ebenso verbreitete man von da aus alle die Wundermittel, welche ein gewisser Jude Goldberger bald unter den Namen Dr. Suin de Boutemard, Dr. Koch und Dr. Borchhardt in den Handel brachte. Auch die »pastilles fortifiantes«, „ein vieljährig erprobtes Mittel bei zerstörtem Sexualsystem", das „Gehöröl des Dr. Robinson" und endlich die „Morrison'schen Pillen" sind hebräischen

---

*) Eine der stereotypen Reclamen ist die, daß dieses Mittel den Pabst Pius IX. geheilt habe. Ob dieser „Mastai" den „bejammernswerthen" Juden, an welche er eine Allocution gerichtet, darüber Schein ausgestellt hat, konnten wir nicht ergründen.

Anmerkung des Setzers.

Ursprunges. Ueber letztere erzählt man, daß der Jude Morrison einmal von England aus nach Frankfurt a. M. zum Besuch von Verwandten gekommen sei und dort in einem Gasthause mit einem Herrn zusammengetroffen wäre, welcher ihn über seine berühmten Pillen bekomplimentirt habe. Morrison habe dann mit schlauer Miene die Frage gestellt: „Also meine Pillen haben Ihnen wirklich so gut gethan?" worauf der Andere ihm in spöttischem Tone geantwortet habe: „Nicht mir, sondern meiner Groß= Tante, Herr Doktor, denn sie ist schon nach zweimonat= lichem Gebrauche daran gestorben und hat mir all ihr Vermögen hinterlassen." —

In Frankfurt wimmelt es bekanntermaßen von Juden= doktoren der Medizin. Einem derselben war es im Jahre 1848 gelungen, sich zum Stadtphysikus machen zu lassen. Die christlichen Aerzte sahen mit gutmüthiger Miene zu, glaubten indeß, daß in dieser Stelle ein Jude nicht gerade schädlich sein würde. So lange der energische Arzt Mappes an der Spitze des medizinischen Collegiums stand, und mit umsichtiger Hand die Leitung des medizinischen Aus= schusses leitete, konnte sich der Einfluß der Juden nicht sehr geltend machen. Nach dem Tode desselben zeigte sich jedoch der aufgeblasene Jude in seiner grenzenlosen Herrsch= sucht und es gelang ihm bei der Schlaffheit und theilweise Unbedeutendheit seiner Collegen gar bald, einen über= wiegenden Einfluß zu erringen und war der ganze ärzt= liche Stand in Frankfurt so zu sagen bald der Laune dieser dünkelhaften Juden anheim gegeben. Es war dies um so mehr zu beklagen, als in der Befugniß des Frank= furter Sanitätsamtes eine nicht unbedeutende Disciplinar=

Strafgewalt lag. In Folge seiner Stellung wurde dieser
Jude später auch noch Direktor des Entbindungshauses.
Die unglücklichen christlichen Frauen aber, welche in dieser
Anstalt eine Zufluchtsstätte suchen mußten, sollen schwer
unter der Rohheit und dem barschen Benehmen des Juden
zu leiden gehabt haben. Nach diesem ist es kein Wunder,
daß in Frankfurt a. M. ein von einem Judensprossen
geleitetes Institut für sogenannte elektrische Kuren bestehen
durfte, dessen Hauptverdienst in maßlosen Rechnungen zu
suchen sein soll. Es ist uns beispielsweise eine Rechnung
zu Gesicht gekommen, mit welcher der Judensprößling für
zweimonatliche Kur die Summe von fünfhundert Gulden
berechnete. Auch haben wir von dem Dasein elektro-
magnetischer Vorrichtungen gehört, welche in der Nähe
des Börnheimer Weges in einem bekannten Hause befind-
lich einem Judensprossen dazu gedient hätten, bei beab-
sichtigten Abortirungen gebraucht zu werden. Doch ist
natürlich weder dem Medizinalkollegium noch der damals
freistädtischen Polizei diese Sache klar geworden.

Daß in Frankfurt die seiner Zeit viel von den jüdischen Blättern gerühmten Aztekenkinder so ungemein großes
Aufsehen erregt, das haben sie zunächst ihrer Aehnlich-
keit mit den dortigen Juden zu verdanken, bei denen die
abstehenden Ohren, die vorspringende Höckernase, das
Schwammige des ganzen Körpers und die Plattfüße ein
charakteristisches Merkmal sind. Die angeblichen Aztekenkinder, welche von einem Juden in ganz Europa gezeigt
wurden, waren bekanntermaßen nichts als die Sprößlinge
einer Judenfamilie, welche sich zu Anfang dieses Jahrhunderts in Mexiko angesiedelt hatte.

Welchen angenehmen Eindruck das charmante Treiben
der Juden in Frankfurt am Main seit dem Jahre 1848
auf die monarchischen Regierungen Deutschlands gemacht
haben mag, kann man sich denken. In Oesterreich war
die Macht des Judenthums indeß eben so groß, wie in
Frankfurt a. M.; namentlich trugen die finanziellen Wirren
sehr dazu bei, die Regierung von einem energischen Vor=
gehen gegen das Frankfurter und überhaupt gegen das
Judenthum abzuhalten. Preußen allein konnte es als
Großmacht mit seinen wohlgeordneten Finanzen wagen,
dem Judenthum einmal recht zu Leibe zu gehen. Diese
Absicht lag ihm sehr nahe und als im Jahre 1866 der
Krieg zwischen Norddeutschland und Süddeutschland zu
entbrennen drohte, dachte das preußische Kabinet nur allzu=
bald daran, daß sie bei dieser Gelegenheit dem Geschrei
und dem ekeln Getriebe der Juden in Frankfurt a. M.
wohl ein Ende machen könnten. Als nun das vorwitzige
Judenthum, welches eine Masse österreichischer Papiere
besaß, bei dem Näherrücken kriegerischer Aussichten sich sowohl
in allen öffentlichen Blättern, wie in den sogenannten
Volksversammlungen gegen Preußen aussprach, da richtete
diese Großmacht ihr kriegerisches Vorgehen zuerst gegen
die sogenannte freie Stadt.

Kurz vorher hatte der Senat derselben, von den ge=
heimen Juden, Judengenossen und noch im Judenthum
Stehenden gedrängt, sich veranlaßt gesehen, zu Oesterreich
zu stehen.

Wenn man das Treiben der Juden in Frankfurt
am Main kurz vor dem Kriege beobachtete, so konnte
man nicht genug über die Verwegenheit und Keckheit dieser

Race erstaunen. Ueberall schrieen sie gegen Preußen, im gesetzgebenden Körper, in den sogenannten Volksversamm= lungen, an öffentlichen Orten, in den Wirthshäusern, überall, wo auch immer, hörte man nur Juden gegen Preußen schwadroniren. Es war daher ganz natürlich, daß das siegreiche Preußen der freien Stadt Frankfurt eine große Contribution auferlegte und schließlich mit Sack und Pack, d. h. mit dem überreichen Juden=Pack sich ein= verleibte. Dem Großstaate müssen sie nun tüchtig den Säckel füllen, ihre Jüngelchen müssen „Soldatches spielen", der Schwindel mit den Lotterieloosen, Promessen, und dergleichen sauberen Geschäftches sind sorgsamt überwacht, und ihre Schreier im gesetzgebenden Körper, beim National= verein u. s. w. müssen ein für allemal das Maul halten.

Schade ist es immerhin, daß die vormalige freie Reichsstadt Frankfurt so tief gesunken war, daß die Juden dort das große Wort führten und förmlich regierten. Aber die Freistädter hatten es sich allein zuzuschreiben; denn seit sie die Juden aus der Gasse herausgelassen, hatten sie dieselben — statt sie mit christlichem Sinn und deut= scher Kraft niederzuhalten — gehätschelt und emporgehoben, überall sich einnisten und einbringen lassen, und so ihre schöne Vaterstadt zu einem ekligen Wanzen= und Juden= neste gemacht. Dieselbe wird denn auch nicht wieder zu neuem Leben erwachen, bis einst die Juden etwa gänzlich ausgeschieden werden. Dazu besitzen aber die Frankfurter eben keine Energie und Kraft mehr, denn sie sind total in Judenhänden und tanzen nach der Judenpfeife.

Das Werk „**Das entlarvte Judenthum der Neuzeit**" ist das Resultat 25=jähriger Studien über das Gebahren und Treiben der Juden in ganz Europa und soll aus etwa 30 für sich selbständigen und dennoch einander er= gänzenden Broschüren bestehen, von denen der vorliegenden ersten demnächst die zweite folgen soll unter dem Titel:

Die Juden in Bayern.

Alle Buchhandlungen nehmen jetzt schon Bestellungen hierauf an, die sogleich nach Erscheinen ausgeführt werden.